Social Capital and Informal Credit Risk: Influence Mechanism, Effect Analysis and Prevention Path

社会资本与民间借贷风险：

影响机理、效应分析及防控路径

林丽琼◎著

经济管理出版社
ECONOMY & MANAGEMENT PUBLISHING HOUSE

图书在版编目（CIP）数据

社会资本与民间借贷风险：影响机理、效应分析及防控路径/林丽琼著．—北京：经济管理出版社，2018.12

ISBN 978－7－5096－6205－2

Ⅰ．①社…　Ⅱ．①林…　Ⅲ．①社会资本—风险管理—研究—中国②民间借贷—风险管理—研究—中国　Ⅳ．①F124.7②F832.479

中国版本图书馆 CIP 数据核字(2018)第 282184 号

组稿编辑：曹　靖
责任编辑：曹　靖　王　洋
责任印制：黄章平
责任校对：董杉珊

出版发行：经济管理出版社
（北京市海淀区北蜂窝 8 号中雅大厦 A 座 11 层　100038）
网　　址：www. E－mp. com. cn
电　　话：（010）51915602
印　　刷：北京玺城印务有限公司
经　　销：新华书店
开　　本：720mm×1000mm/16
印　　张：10.75
字　　数：201 千字
版　　次：2018 年 12 月第 1 版　　2018 年 12 月第 1 次印刷
书　　号：ISBN 978－7－5096－6205－2
定　　价：68.00 元

前　言

中国民间借贷历史悠久，已成为社会经济金融运行中的庞大力量。但随着民间借贷规模的快速膨胀，民间借贷纠纷频繁爆发，民间借贷风险加大。为此，管理层不断出台相关政策。但中国民间借贷市场却总是存在“一收就死，一放就乱”的怪相。因此，无论是政府部门还是学术界，对中国民间借贷现状的认识和研究还有待提高。

本书突破了传统上研究具有社会性民间借贷问题的内在局限，引入社会资本理论系统深入研究民间借贷风险，不仅把中国民间借贷研究进一步引向深入，而且从一个新的视野丰富和拓展了社会资本理论、融资理论和风险管理理论等的研究内容和范围，对于拓展发展经济学、比较经济学、经济社会学等的研究范围，也具有较大的意义。此外，本书从社会资本角度提出防控民间借贷风险的思路与实现路径，以期为政府在制定规范民间金融发展、监测与防范民间金融风险、促进金融体制改革等决策提供科学的参考依据，也为借贷主体降低民间借贷风险提供有价值的参考。

全书的研究思路主要从两个方面展开：一方面以民间金融理论和社会资本理论为依据，构建了理论分析框架，剖析了社会资本影响民间借贷风险的机理；另一方面运用了多种方法，从多角度、多层次实证研究社会资本对民间借贷风险的影响。全书共分七章。首先，以民间金融理论和社会资本理论为依据构建理论分析框架，论证了社会资本的三个维度，即社会网络、信任和社会规范对民间借贷风险产生重要影响的机理，分析了社会资本通过社会网络的信息传递、信任、社会惩罚三个机制对民间借贷风险产生直接影响，通过收入和社会关系两个机制对民间借贷风险产生间接影响。其次，运用条件混合过程（CMP）方法改进的 Ordered Probit 模型，采用 2013 年中国家庭金融调查数据，从社会网络、社会规范、信任三个维度实证检验社会资本对民间借贷风险的影响。再次，通过收集法院观察点数据，建立了多元线性回归模型估计社会关系对民间借贷违约的影响。最后，通过收集的354个涉众型民间借贷违约案例，分析社会资本对涉众型民间借贷违约的影响，揭示社会资本变迁后民间借贷违约的异常现象。在此基础上，从民间借贷主体、政府层面提出建构稳定且信任水平高的社会网络、发展近距离或依托熟人关系的民间借贷、建立健全借贷监督和社会惩罚机制、加强法律金融知识宣传及普及、培育诚实守信文化、加快完善社会信用体系建设、建立健全涉众型民间借贷防控与监管机制、建立健全民间投融资信息共享机制等路径，为防范民间借贷风险，促进民间借贷规范化发展提供有价值的参考。

纵览全书，主要有以下特色：①运用社会资本理论系统研究民间借贷风险，构建了较为完整的研究民间借贷风险的理论框架和方法基础，首次引入社会资本构筑民间借贷风险模型，并运用抽样调查数据和通过法院观察点访谈数据从微观角度实证检验社会资本对民间借贷违约风险的影响，进一步运用案例分析社会资本对涉众型民间借贷风险的影响，建立了利用社会资本理论系统研究民间借贷风险的崭新范式。②建立了跨年度和较大数量的涉众型民间债务违约案例库，并以跨年度案例分析社会资本对涉众型民间借贷违约风险的影响，揭示了社会资本变迁对民间借贷风险的动态影响，这在国内同类研究中尚未见到。③突破了以往研究仅考虑社会资本对借贷风险正面影响的局限性。一方面，通过构建博弈模型分析社会资本在民间借贷违约风险中的正面效应；另一方面，通过运用定性分析方法分析社会资本在民间借贷风险传染与扩散中的负面效应；同时，运用实证分析方法验证社会资本对民间借贷风险影响的两面性，使社会资本与借贷风险的融合研究更具有科学性。④突破了以往仅用单一数据进行实证研究的片面性，运用抽样调查、法院观察点访谈和案例库等多种数据对社会资本影响民间借贷风险进行递进式研究，从多角度、多层次对中国民间借贷不同程度的风险进行实证检验。

本书之所以能够顺利出版，首先，感谢国家社科基金青年项目（NO. 12CGL022）、福建省高等学校新世纪优秀人才支持计划资助项目（NO. NCETFJ，2015）的研究资助。其次，在本书部分章节的写作过程中，有幸得到江西农业大学李长生博士、南京财经大学李庆海副教授、浙江工商大学刘西川副教授、福建农林大学李萌博士的无私帮助，他们对本书的修改完善提供了建设性意见，在此谨致衷心感谢。最后，还要感谢笔者所指导的部分研究生的共同努力，他们是：王毅鹏（现为湖南大学金融与统计学院硕士研究生）、刘松涛（现为福建农林大学经济学院

博士研究生）、吴敬伟（现为南京大学商学院博士研究生）、朱烨、洪灏琪、马源聪、程功塾、潘燕萍、李强等。他们对本书的资料收集、数据处理、文字校对等做了大量工作。

本书特别感谢西南财经大学中国家庭金融调查与研究中心以及某法院为借贷纠纷案例提供的数据和调研支持。当然，前人研究成果为本书的完成也奠定了重要的基础和条件，衷心感谢所有参考文献的作者。本书的出版，也得到了经济管理出版社曹靖主任的大力支持与帮助，谨致谢意。

本书作为国内系统引入社会资本理论研究民间借贷风险的初步尝试，无论是研究范式还是内容方面必然存在许多不足，恳请读者予以批评指正。

林丽琼

2018 年 10 月于福州

目　录

第1章 导 论

1.1 研究背景

中国民间借贷作为一种自发的民间资金融通活动，是满足各类市场主体融资需求的重要补充渠道，凭借其在信息收集加工、交易方式、风险防控等方面的独特优势，对缓解中小微企业融资难题、支持“三农”发展、增强宏观经济运行适应性等方面发挥了重要的支撑作用，并已成为社会经济金融运行中的庞大力量。根据中金公司2011年中期报告显示，中国民间借贷余额同比增长38%，至3.8万亿元，占中国影子银行体系总规模约33%，相当于银行总贷款的7%。但随着民间借贷规模的高速膨胀，民间借贷的负面效应如逆向选择和道德风险等问题也频繁显现，信息不对称程度日益加剧，民间借贷纠纷频繁爆发，标的越来越大，民间借贷风险加大。根据中华人民共和国最高人民法院的统计数据，2008年以前全国法院受理民间借贷纠纷案件数量相对平稳，2008年之后案件量开始大幅上升。2011年全国法院审结民间借贷纠纷案件已达到59.4万件，2012年审结72.9万件；2013年审结85.5万件，同比增长17.27%；2014年审结102.4万件，同比增长19.89%；2015年审结案件已达到142万件，相比2014年又增长38.67%。涉案标的由2008年案均金额12.75万元上升至2013年上半年的31.6万元，增长1.47倍。此外，2008年上半年与2011年下半年浙江温州出现民营企业老板“跑路”风潮，2011年底到2012年初广东部分区域惊现民营企业的“走佬”现象，2011年内蒙古鄂尔多斯、河南安阳等地出现民间借贷资金链断裂，

2013 年初陕西神木、山西柳林陷入民间借贷危机，2014 年河北邯郸遭遇民间借贷风波等事件，都将民间借贷推向风口浪尖。特别是近年发生的线上民间融资平台风波，如钱宝网、e 租宝、大大集团高达数百亿元的涉案金额，其可能出现局部违约甚至全面性清偿危机，民间借贷蕴含的巨大金融风险已引起社会的普遍关注。鉴于当前防范我国民间借贷风险的重要性与紧迫性，管理层也不断出台相关政策，但中国民间借贷市场却总是存在“一收就死，一放就乱”的怪相。因此，无论是政府部门还是学术界，对中国民间借贷现状尤其是涉众型民间借贷的认识和研究还有待提高。

从政策角度看，2005 年 5 月 25 日，中国人民银行发布《2004 年中国区域金融运行报告》，第一次对民间融资做出了正面评价；党的十七届三中全会通过的《中共中央关于推进农村改革发展若干重大问题的决定》指出，要规范和引导民间借贷健康发展；2018 年 5 月 7 日，中国银行保险监督管理委员会会同中国人民银行等多部门印发了《关于规范民间借贷行为维护经济金融秩序有关事项的通知》，以达到进一步规范民间借贷行为、防范金融风险、维护经济金融秩序和社会稳定的目的。但处于“灰色地带”的民间借贷一直存在着诸多的风险隐患，出于防范金融风险和稳定金融秩序的考虑，中国的民间借贷政策仍然十分谨慎。

从理论研究看，绝大多数与民间借贷相关的研究都被界定在一个比较狭义的主流经济学范围内进行，超越主流经济学的研究并不多见。然而，与正规信贷的“资源导向型”特点不同，民间借贷的信用机制更多建立在借贷双方的血缘、地缘和业缘关系等之上，民间借贷的动因不仅蕴含着经济学原理，还缱绻着错综复杂的“社会资本”因素，仅从经济学范畴研究民间借贷风险问题，显然不足以完整剖析民间借贷风险产生的根源，从这些研究中得出的结论往往更增加了政府规范和引导民间借贷健康发展的担忧。实际上，民间借贷是一种典型的非正式制度（胡必亮，2004），具有很强的社会性，信任、社会网络、规范等社会资本可能对民间借贷产生重要的影响。已有部分学者开始尝试从社会网络和信任等社会资本维度对民间借贷风险进行了研究（刘西川和陈立辉，2012；Lu 等，2012；Lin 等，2013），但此类研究多停留于运用理论模型探索社会资本的某一维度如何影响民间借贷风险，研究略显粗泛，浅尝辄止。其实，社会资本是一个多维度概念，包含社会网络、社会规范和信任三个维度，且在不同的民间借贷用途下，不同维度的社会资本对民间借贷风险可能具有异质性影响。因此，以社会资本为切入点研究民间借贷风险具有重大的理论和实践意义。

1.2 国内外研究述评及研究意义

1.2.1 国内外研究述评

“社会资本”（Social Capital）这一概念最初由法国社会学家布迪厄于1980年正式提出，并于20世纪90年代开始掀起一个国际性研究热潮，被广泛应用于经济学、政治学、管理学等研究领域，成为一个交叉学科的研究范式。

1.2.1.1 社会资本研究

（1）社会资本概念。

关于社会资本概念，代表性的阐释主要有：Bourdieu（1977）认为，社会资本以关系网络的形式存在，是一种通过对“体制化关系网络”的占有而获取的实际或潜在资源的集合体。Coleman（1988）从功能的角度来定义社会资本。在Coleman看来，社会资本就是个人拥有的、表现为社会结构资源的资本财产，它们由构成社会结构的要素组成，主要存在于人际关系和社会结构中，并为社会结构内部的个人行动提供便利，表现为信息网络、规范与惩罚、社会组织等形式。Ronald S Burt（1993）是在理论上对社会资本给予了全面而具体的界定和分析的第一位社会学家，是最早把社会资本由个人层次延伸至企业层次。他在著名的“结构洞”（Structure Hole）理论强调社会资本是个人或企业内部和企业间的关系网络，而网络中各节点提供资源和控制资源的程度即为社会资本水平。Putnam（1995）认为，社会资本是指社会组织中能够通过促进协同提高社会效率的各项特征，如信任、规范和网络等。Fukuyama（1995）从经济发展与社会特征方面界定了社会资本概念，认为社会资本的实力是成就社会经济差异的重要因素。在《信任：社会美德与创造经济繁荣》一书中，将在社会或群体中成员之间的信任普及程度视为一种社会资本，并认为社会的经济繁荣在相当程度上取决于该社会信任程度的高低。Granovetter（1973）虽然没有直接提出社会资本的概念，但是他所提出的“嵌入性”概念是社会资本理论形成的重要理论基础；他的“弱关系假设”在后来的社会资本实证研究中成为一个重要的检验命题。Lin Nan（2001）的社会资本概念最为综合，在吸收了马克思的资本概念、舒尔茨的人力资本概念以及布迪厄、科尔曼和普特南的社会资本概念的基础上，认为社会资本是投资在社会关系中并希望在市场上得到回报的一种资源，是一种根植在社会结构之中并且可以通过有目的的行动来获得流动的资源。

从以上社会资本代表性概念来看，Bourdieu 所定义的社会资本包括社会关系和资源两个要素，关注的是个人通过参与网络不断增加收益。从这个意义上来说，Bourdieu 开创了社会网络分析的社会资本研究。Coleman 在对社会资本的论述基础上试图建构经济社会学理论，将理性选择模式与社会结构分析联系起来，实现个人与社会、微观与宏观的连接。Burt 关注的是个体在社会网络中的不同位置对个体行动的意义。Putnam 不仅关注社会网络，而且探讨了社会资本在经济发展中的作用，尤其关注社会资本在形成民主社会中的作用，他认为社会资本是社会组织的特征，可以用来解决集体行动问题。Fukuyama 的社会资本概念属于文化范畴，是一种非正式规范，可以用来解释一个国家的经济发展。Granovetter 关注的是个体行为的嵌入性和关系强度对个体行动的影响。Lin Nan 关注的微观社会资本，认为社会资本是个体在社会网络中可以获取的资源。除了社会资本概念内涵的差异以外，他们所研究的社会资本承载的主体和解决问题的侧重点也不同，如 Bourdieu、Granovetter、Burt 和 Lin Nan 分析的承载主体是个体，解决的是个体行动问题；Putnam 和 Fukuyama 分析的承载主体是集体，解决的是集体行动问题；Coleman 分析的主体是个体和集体，解决的是个体和集体行动问题。从以往研究的成果可以看出，社会资本可以用来解决个体和集体行动问题。

（2）社会资本测量。

社会资本测量是社会资本定量研究极为重要的一个环节，直接测量社会资本非常困难，一般需要将社会资本转化成可量化的指标。正如学者们对社会资本概念的质疑，不同的学者对社会资本测量提出不同的观点。

从现有的文献来看，目前使用最为广泛的个体社会资本测量方法是提名法（Name Generator）、位置生成法（Position Generator）和资源生成法（Resource Generator）。提名法是测量个体社会资本最古老的方法，包括提名生成和提名诠释两个部分，该方法是从 Burt 的讨论网开始的，通过对受访者社会网络进行详细的描述来测量个体社会资本，但调查所花费的时间长、成本相当高，此外，对于如何将调查所得到的数据整合成社会资本的测量方法尚未统一，目前有一些测量指标如网络规模、网络异质性、强关系和弱关系所占比例等得到了普遍的应用，但也有一些研究将提名法问题本身直接作为社会资本的测量指标。位置生成法着重考察网络成员所拥有的社会资源情况，通过测量网络中成员的职业，以职业声望地位为理论基础，间接地测量被调查者的社会资本，并且通过分别询问家人、朋友和熟人中是否有某一职业的联系人，可以测量得到这些职位资源的关系强度。该方法可以节省调查时间，不会给受访者和调查者带来很大的负担，但是该方法只包含建立在职业声望基础上社会资本的间接信息，同时，生成的数据可能存在信度和效度问题。资源生成法是测量社会资本的最新方法，在一定程度上克服了提名法和位置生成法的缺点，同时又结合两者的优点，既具有职位生成法的经济性，又具有提名法的内容效度，但资源生成法的使用必须根据具体的社会环境重新考虑“资源”的组成，该方法与位置生成法在效度方面存在相似的问题，如一些受访者可能根本不知道其社会网络中的成员是否拥有某种可利用的“资源”，从而限制了该方法的广泛应用。

提名法和位置生成法在中国得到广泛的使用，但目前尚未发现资源生成法在中国调查中使用。中国综合社会调查（CGSS）分别于2003年、2006年和2008年的调查中都涉及了对中国社会资本的测量，其中2003年使用的是提名法中的讨论网；2006年和2008年调查问卷使用的是位置生成法即春节拜年网调查受访者社会网络中联系人的职业情况来测量社会资本，边燕杰首先提出并使用这种方法（边燕杰，2004），而且已经证实，在中国社会具有较高的信度和效度。

对于集体社会资本的测量，学界也进行了广泛的探讨。如Putnam（1995）从选取信任、规范和民间组织数量等指标测量社会资本。Paul和Jenny（2000）从地方社区的参与、社会关系的能动性、信任和安全感、邻里关系、家庭和朋友关系、差异的宽容度、生命的价值和工作联系8个方面衡量了社会资本。此外，Stone（2001）着眼于社会资本在家庭和社区水平上的衡量，测度指标包括了网络、信任以及互惠等核心因素。Guiso等（2004）用非强制公投参与率、自愿无偿献血率两个指标测量社会资本。Sabatini（2006）则通过标准、规范和信任对社会资本进行衡量。由此可见，他们是从外部和内部角度测度宏观层次的社会资本。

因此，选择什么样的测量方法和指标测量社会资本应根据具体研究目的和研究条件来决定，如可以使用提名法对个体社会网络有个详细的了解，使用位置生成法可以通过了解个体所认识网络成员的职业情况来测量其社会资本，使用资源生成法可以直接调查个体社会网络中所存在的资源。提名法和位置生成法在中国已经得到应用，并在一定程度上得到改进并适应中国国情，但是资源生成法在中国的应用需要进一步验证。

（3）社会资本功能。

社会资本是生产性的，具有宏观和微观功能。在宏观方面，一是凝聚和激励功能。共同的价值观使团体成员产生相同的归属和认同，从而凝聚成一种强大的力量。特定的文化氛围和价值观所蕴含的社会资本会产生一种精神激励，调动人们的积极性和主动性。二是导向和约束功能。社会资本的导向功能主要表现在价值导向和行为导向，通过价值观和精神理念引导人们对事物做出是非判断，从而指引人们行动。依照规范和准则，社会资本可以减少“搭便车”行为，促进集体行动。如 Portes（1998）提出，社会资本能够通过提高社会惩罚水平维持社区关系，强化资源的有效分配。三是纽带和辐射功能。纽带功能可以使不同个体、不同部门行动协调、意志统一。辐射功能通过营造文化氛围和环境，从而发挥无形的感染和影响作用。在微观方面，一是促进信息交流与传递。社会网络将处于不同层级和不同领域的人联系在一起，加强信息的交流和共享，提高信息传递的效率。社会网络从家庭社群间相互联系衍生而来，具有分担风险（Fafchamps 和 Guberrt，2007）、提高收入（Grootaert，1999）和促进就业（Munshi，2006）的作用。二是促进相互信任，降低交易成本。社会资本有利于个体的知识传播，通过重复交易建立信任与声誉机制，不仅减少机会主义行为，还可以降低交易成本。研究发现，通过成员间的相互联系所形成的群体间信任，有助于减少交易时的道德风险并降低交易成本（Putnam，1995）及解决逆向选择问题（Granovetter，1973）。可见，信任在社会经济运行过程中起着重要的作用，有的学者针对信任进行相关研究，发现具有高信任水平的社会，社会成员更愿意在参与交换或者交易活动中承担风险（Ring 和 Ven，1992）且具有更高的价值创造水平（Luhmann，1979）。三是具有社会担保功能。社会资本是个人或组织社会信任或社会声誉的证明，不仅有利于个人或组织获取外部资源，还可以对个人或团体成员起到社会惩罚的作用。良好的交易或交换活动对社会信任水平有促进作用，使社会成员之间彼此依赖，相互合作解决问题，形成所谓的期望资产（Knez 和 Camerer，1994）及促进社会准则的形成。当社会准则形成时，成员将由于外界的期望、群体压力（Group Enforcement）自觉遵守相应的权利义务。在这样的社会中，成员之间往来密切、相互信任，遵守彼此之间共同认同的准则，且社会网络、社会信任、社会准则三者处于相互关联且相互促进的循环之中。随着社会网络强度的逐渐增强直至形成强社会关系时，可促使关系网络中有关成员更为遵守社会准则（Coleman，1990）。Valery（2005）详细地论述了社会资本的核心内容即社会网络在促进经济发展中具有三个方面的积极功能：促进有效经济信息的传递，在团体成员之间实行及时的奖惩机制以促进组织成员向有利于经济发展的目标积极前进，以及存在于组织成员之间的信任关系降低了交易成本。

从现有关于社会资本功能研究的文献看，学术界关注的焦点是社会资本的积极功能，而社会资本的消极功能，往往被主流研究所忽略。如 Coleman（1988）指出网络的闭合便于形成有效的规范从而保证成员间的信任，但在一个开放的网络中，规则的破坏往往很难觉察，因而不易惩罚规则破坏者，导致更低的信任。Portes（1998）是社会资本主流研究中的一个例外，他提出“消极社会资本”的概念，指出社会资本的四种消极作用，包括排斥圈外人、对团体成员要求过多、限制了个人自由、用规范消除了差异。Portes（1998）的消极社会资本只是对个人层面可能产生的消极后果，忽视了对群体的发展、对整个社会发展的探讨。卜长莉（2006）在此基础上，从社会资本具有个体与群体、局部和整体的两重性，探讨社会资本的消极功能，比较全面地认识了社会资本的性质。Field（2003）同样指出一些便于合作的社会规范和网络也可能产生负面的影响，如毒品交易网络、犯罪团伙、恐怖网络等。

1.2.1.2 民间借贷风险研究

现有文献指出，由于受到“二元”金融体制和宏观经济政策的影响，中国民间借贷风险的形成更加复杂。不少文献对民间借贷风险成因进行了探讨，如由于缺乏监管带来的风险（祝文峰，2007），或依法成立的非金融机构违规开展融资活动带来的风险（吴国联，2009；中国人民银行杭州中心支行课题组，2008），张燕（2008）等还强调了利率过高带来的风险，方先明和孙利（2015）指出借贷范围扩大，民间借贷克服信息不对称的作用逐渐弱化导致风险加大，但这些研究大都停留在个案总结或零星研究状态。Wei Lu 等（2009）采用中国义乌市 35 个民间借贷违约样本数据，分析民间借贷违约的影响因素，但因样本量小，也无法为政府部门和学术界提供更深入了解中国民间借贷风险问题的重要信息。另外一些文献则从影子银行角度揭示了民间借贷风险（如 Gao 和 Wang，2016；Dang 等，2014；Li 等，2014；Hsu 等，2014；Yunlin Lu 等，2015；Hsu 和

Li，2013）①，还有部分文献从标会角度分析了民间借贷的风险（如邹传伟和张翔，2011；张翔和邹传伟，2007；冯兴元，2004；胡必亮，2004；郑振龙、林海，2005）。此外，当前关于民间借贷风险的研究主要从宏观和微观两个层面展开。从定义上看，宏观层面的民间借贷风险主要指民间借贷资金脱离实体经济、加剧资产泡沫，民间借贷涉嫌非法集资、扰乱金融秩序，以及民间借贷利率高企造成中小企业融资和偿债困难并引发连锁反应（周孟亮和蒋文华，2014；方先明和孙利，2015）；微观层面的民间借贷风险更多指的是因个人或家庭未能按期履行还款义务而对出借方经济活动造成的影响。关于民间借贷风险影响因素的研究，以往研究主要围绕借贷订立形式（林毅夫和孙希芳，2005；Ghosh 和 Ray，2016）、借款人特征（童馨乐等，2011；林建浩等，2016）、借款特征等方面展开（方先明和孙利，2015）。从本质上看，借款人的客观还款能力和主观还款意愿是决定民间借贷风险大小的主要因素（马九杰等，2004），也是民间借贷风险的关键诱因。以往研究也表明，社会资本作为一种隐性的客观存在，内嵌于个人和组织之中，与个体收入、行为规范等显著相关，是影响借款人还款能力和还款意愿的重要因素（李爱喜，2014）。可见，社会资本是民间借贷风险研究中不可忽视的重要影响因素之一。就总体而言，研究中国民间借贷风险的文献不少，但囿于民间借贷的隐蔽性和数据难以获取，多数文献对民间借贷风险的研究较为简单，未能结合民间借贷具有非正式制度和社会性特点来剖析民间借贷风险的深层原因，因而，提出的对策并不十分有效。

1.2.1.3 社会资本与民间借贷风险融合研究述评

就民间借贷风险的研究现状而言，学界对此的研究较为零散，其中，有部分学者将社会资本引入民间借贷风险的研究之中。早在1960年，Gouldner 等就发现农村非正规金融机构拥有的互惠、信任及其他传统社会资本维系和发展了非正规金融良好的履约机制。此后，在社会学和经济学等的文献中可以零星见到相关研究。Dufhues 等（2011）分析了个人社会资本对泰国个人借款人还款行为的影

① 尽管影子银行的定义尚未统一（Simin，Gao and Qianyu，Wang，2014），但2013年12月颁布的文件对中国影子银行做了比较明确的界定，将影子银行分为三类：一是不持有金融牌照、完全无监管的信用中介机构，包括新型网络金融公司、第三方理财机构等。二是不持有金融牌照、存在监管不足的信用中介机构，包括融资性担保公司、小额贷款公司等。三是机构持有金融牌照、但存在监管不足或规避监管的业务，包括货币市场基金、资产证券化、部分理财业务等［见《关于加强影子银行监管有关问题的通知》（国办发〔2013〕107号），http：www. hbxtsw. gov. cn/show_ news. asp？ id =3558］，按照该定义，中国影子银行包括部分民间借贷活动。

响。Lee 和 Persson（2016）通过构建理论模型探讨了社会关系在非正式借贷中的作用，强调社会关系可以降低道德风险，Karaivanov 和 Kessler（2013）则进一步运用实证方法检验了社会关系在非正规借贷中的作用。Karlan 等（2009）以秘鲁两个低收入贫困区（shantytown）为例分析了关系网络对非正式借贷的影响，由于强关系网络的闭合性，贷款人更容易对借款人违约实施制裁，从而揭示了强关系对于降低非正式借贷违约风险的作用。新近有关 P2P 的社会网络研究也为本书奠定了理论基础。众所周知，互联网的发展不仅改变了人们交往方式，同时也降低了匿名交易的信息不对称程度，但是线上网络并不总是意味线下合法而有效的社会关系，因此，不同学者对关系影响 P2P 借贷风险的观点存在分歧。如 Lin 等（2009，2013）分析了社会关系在评价借贷风险的作用，发现强社会关系是决定借款成功和低违约风险的重要因素，Lin 等（2013）进一步证明了朋友关系对于降低信贷风险的重要作用，而 Lu 等（2012）则指出，朋友关系的负外部性，如果借款人的朋友违约，那么借款人违约的可能性超过一倍。Freedman 和 Jin（2014）的研究进一步发现，互联网上的社会网络有一定的价值，但远不能是完美的信号装置。Morse（2015）也指出借款人的朋友地位是预示风险的一种真实世界关系。

部分学者在中国民间借贷问题方面做了有益的探索研究。费孝通（1999）发现，信任与合作形成无形抵押品，可以有效控制农村信贷市场违约现象的发生。林毅夫和孙希芳（2005）从非经济因素角度对非正规金融的信息优势展开了研究。丁冬等（2013）、郭云南等（2012）和吴本健等（2014）发现，社会资本具有共享信息、分担风险、平滑消费以及改善决策等作用，可以促进民间借贷。童馨乐等（2011）认为，社会资本可以解决农户与正规机构间的信息不对称问题及降低正规金融机构信息搜寻成本，是解决农户信贷的重要载体。Steel 等（2004）论述了群体惩罚机制使非正规金融的履约率通常高于正规金融。张晓明和陈静（2007）认为，社会资本有助于减少贷款违约的可能性和道德风险。胡必亮（2004）将经济和非经济因素结合起来对标会的研究堪称经典，其研究发现，信任等文化因素对标会行为的嵌入，使小规模、社区性标会的风险很小。张翔（2006，2008）、张翔和邹传伟（2007，2009）从信息机制角度对标会风险做了较为系统的研究。程昆等（2006）也发现会首能够利用社会关系向会员施加影响并保证互助会的运行。刘成玉等（2011）认为，农村社会资本同样具有经济价值，完全可以参与农村信贷风险控制。而吴宝等（2011）则论证了高社会资本会加剧企业间融资风险传染。Yihao Dong 和 Haiying Ma（2014）指出，原先的借贷主要发生在亲戚、朋友和相识间，随着市场经济发展，借贷范围远远超出关系网络，因此信任机制变得越来越脆弱，阻止违约风险越发不可靠。方先明和孙利（2015）也指出，随着借贷范围扩大，民间借贷克服信息不对称的作用逐渐弱化。Ayyagari 等（2010）通过比较中国正规金融和非正规金融后发现，非正规金融机构依靠关系和声誉能更有效地监督借款人，从而保证贷款的偿还。Turvey 和 Kong（2010）指出信任具有降低道德风险的作用，一个人越值得信任，发生策略违约的风险就越小。

部分学者还指出，随着经济市场化程度的提高，民间借贷范围逐渐由传统的亲缘、血缘等强关系生活性借贷向业缘、学缘等弱关系生产性借贷转变；出借方以谋求资金收益为目的参与的弱关系民间借贷多以生产性借贷为主，此类借贷信息不对称问题突出（赵丙奇，2014）。在弱关系民间借贷中，声誉充当了抵押品的角色，有助于降低借贷风险（赵丙奇，2013）。除声誉外，借款人身份特征、交易习惯、履约历史、是否提前还款等因素，均是出借方决定是否托付信任的重要因素（白乙辰，2016）。由此可见，传统社会网络对弱关系生产性借贷的影响逐渐弱化（白乙辰，2016）。但与生活性借贷主要用于平滑消费和满足临时性资金需求不同，生产性借贷具有回收期长、受外部经济环境及投资收益影响大等特点，故当借款人出现决策失误或遭遇经济环境波动时，生产性借贷的风险将显著增大（周孟亮和蒋文华，2014）。

综观现有相关研究，理论界已经关注到社会资本对民间借贷风险控制的作用，并做了一些有益的探索，取得了很有意义和价值的结论，这些都将成为本书研究的理论支撑，但已有的研究还未能形成民间借贷风险分析的系统理论框架，对信任、声誉、关系等社会资本在控制民间借贷风险中的作用大多停留在个案总结或零星研究状态，尚没有建立完整的利用社会资本研究民间借贷风险的新范式，也缺乏定量研究。为此，本书将从微观社会资本角度对民间借贷风险进行系统深入研究，以期为同类研究提供新的研究范式，为政府规范发展民间借贷提供重要的思路。

1.2.2 研究意义

理论上，本书突破了传统上主要利用经济管理理论研究具有社会性的民间借贷问题的内在局限，引入社会资本理论系统深入研究民间借贷风险，这既属于民间金融理论和社会资本理论相融合的一种交叉性研究，又属于民间借贷基础理论的一种探索性研究，从而把中国民间借贷研究进一步引向深入，并为同类问题的研究提供有价值的借鉴；与此同时，本书从一个新的视野丰富和拓展社会资本理论、融资理论和风险管理理论等的研究内容和范围，对于拓展发展经济学、比较经济学、经济社会学等的研究范围，也具有较大的创新意义。实践中，一方面，基于跨年度和较大数量的民间债务违约案例的综合分析，这在一定程度上可以反映出涉众型民间借贷违约事件发展的某些新特点，并从宏观层面揭示涉众型民间借贷违约事件变化的原因，为民间借贷政策的制定和实施提供依据。另一方面，从社会资本角度探索控制民间借贷风险的崭新思路及现实途径，能够为政府在制定规范民间金融发展、监测与防范民间金融风险、促进金融体制改革等决策提供科学的参考依据，为借贷主体降低民间借贷风险提供有价值的参考。

1.2.3 基本概念界定

1.2.3.1 民间借贷的界定

民间借贷的概念至今仍然存在争议，国外通常有非正规金融（Informal Finance）或非正规借贷（Informal Lending）一说，国内有民间金融、非正规金融、非正式金融和民间融资等说法。从政府层面看，2005 年 5 月 25 日中国人民银行发布《2004 年中国区域金融运行报告》，使用“民间融资”概念并第一次对民间融资做出了正面评价。此后，2008 年 8 月发布的《货币政策执行报告》中，央行使用“民间借贷”概念并特别开出专栏讨论民间借贷。党的十七届三中全会通过的《中共中央关于推进农村改革发展若干重大问题的决定》（以下简称《决定》）指出，要规范和引导民间借贷健康发展，《决定》中正式使用“民间借贷”。最高人民法院司法解释也使用“民间借贷”而非“民间金融”或“民间融资”，如在最高人民法院《关于人民法院审理借贷案件的若干意见》（法民发〔1991〕21 号）中使用“民间借贷”，这说明在国家和政府层面，我国使用“民间借贷”。因此，为使理论研究和实际部门使用的概念相一致，本书统一使用“民间借贷”这一概念。

在中国，民间借贷形式多样。根据不同的标准，民间借贷可以分为不同的类型，如按照交易对象不同，民间借贷可分为自然人与自然人、自然人与法人、法人与法人、自然人与其他组织等之间的借贷；根据民间借贷的性质，既可分为互助型和盈利型借贷；按照借贷用途不同，又可分为生活型借贷和生产型借贷。根据 Ayyagari 等（2010）的研究，中国非正式金融包括个人借贷、贸易信贷、当铺、私人钱庄、地下放贷组织等。TSAI（2004）将中国民间借贷按照合法与非法进行归类，认为个人借贷、贸易信贷、当铺、轮转储蓄信贷组织（ROSCAs）、互助基金等是合法的民间借贷，而高利贷、私人钱庄等是非法的借贷。调查发现，目前中国民间借贷有以下主要形式：第一，个人借贷，这类借贷主要发生在具有亲缘、地缘和业缘等关系的亲戚朋友、同乡、同事、邻居等关系密切的熟人之间。第二，贸易（商业）借贷，指由于商业或贸易往来所发生的资金拆入和拆出。第三，专业放贷，主要指职业或非职业的货币经纪人所从事的借贷行为，专业放贷人常常扮演“中间人”，赚取高额的利差，利率较高是其借贷的典型表现，俗称高利贷。第四，小组金融，包括会、互助基金、资金互助社等，会是一种较为传统的民间借贷形式，通常也称标会、合会、抬会或互助会，主要流行于福建、浙江、广东等东南沿海地区，现在的合会一般具有规模大、涉及面广、月息高、以会养会等特点。互助基金和资金互助社主要发生在成员间的低利率借贷，但部分合作社组织以互助的名义融资然后转贷，发放利率较高的非成员贷款，导致资金体外循环。第五，融资性中介借贷，包括典当行、寄售店（行）、担保公司、小额贷款公司、贷款公司等各类融资中介。典当指以实物进行抵押的借贷行为。目前，一些典当行逐渐演变成吸收存款、发放抵押贷款的变相钱庄，此种行为具有隐蔽性，对金融秩序的稳定造成了不良影响。近些年，寄售店（行）在一些地方流行起来，由于开设担保、典当等融资中介的审批手续较复杂，注册资金要求较高，而成立“寄售店”则不受任何限制，随时可到工商部门注册成立。调查发现，部分“寄售店”名义上是经营礼品旧货寄售业务，但私下却通过亲戚、朋友、熟人之间相互介绍的方法，接受熟人的存款并支付一定利息，同时以贵金属、房产作抵押或熟人作担保的方式向借款人放款，赚取利息。担保、小贷等中介公司发放的贷款普遍高于银行利率，主要为满足中小微企业的资金需求，部分中介借助互联网经营放贷即近年快速发展的 P2P，但由于经营不规范，多数 P2P 经营不善而倒闭。第六，投资公司、信息咨询公司、专业中介等新型民间公司，这类公司涉入民间借贷市场，主要满足“过桥”资金的需求，其借贷具有期限短、利率高等特点，尤其是专门为借贷双方担保的中介，延长了融资链条，加大借贷风险。第七，企业或单位内部集资，指在本单位内部职工中以债券等形式筹集资金的借贷行为，企业为避开“非法集资”嫌疑，不少集资名义上以集股方式进行，或称之为股权性集资。第八，地下钱庄，是一种非法金融组织机构，其资金来源于企业主的个人资本或投资、以高利贷吸纳的公众存款和特殊渠道下的银行贷款，往往成为洗钱的主要渠道。第九，其他融资形式，调查发现，随着金融业的快速发展，民间融资的形式也日趋多样化，包括有价证券融资、票据贴现融资、私募基金等形式。

此外，近些年中国民间借贷相当活跃，借贷范围发生了明显变化。从借贷范围看，过去一般出现在本村、本乡镇、本县（市），现在已发展到跨乡镇、跨地市，既有农民把钱借给城里的经营者，也有城里的居民把钱借给农民。从借贷关系看，过去主要发生在亲戚朋友等熟人之间，现已发展到非亲非故的半熟人或陌生人之间，尤其是陌生人之间的借贷逐渐流行，并催生了金融“掮客”队伍的壮大。

因此，从中国民间借贷发展来看，很难用一个概念界定所有形式的民间借贷，然而，不管是何种民间借贷，都需要自然人作为借贷活动的承载主体，自然人凭借借贷网络从事资金借贷，如商业借贷，即使以企业名义进行借贷，也离不开企业相关负责人为借贷所进行的各项活动，仍然表现为自然人与自然人之间的借贷行为，因此，企业相关负责人是借贷发生的逻辑起点与终点，任何借贷活动都离不开自然人作为借贷活动的承载主体。鉴于此，本书将民间借贷的内涵进行高度概括和凝练，力图形成一个一般性和共识性的明确界定，从而提出本书研究中民间借贷的界定。自然人作为民间借贷活动的主体，以血缘、亲缘、地缘、业缘、人情面子、社会关系网等关系为纽带，发生实物或货币借贷行为，借贷关系不再是简单的经济契约关系，更是社会关系的重要组成部分。因此，本书将民间借贷界定为以自然人为借贷主体，以关系为纽带，围绕实物或货币要素发生在贷方和借方之间的权利和义务关系。

1.2.3.2 民间借贷风险的界定

综观以往研究，关于民间借贷的发展情况、优劣势、风险成因等方面的研究较多。根据现有研究，民间借贷之所以能够盛行，一方面是由于正规金融的失灵和民营企业融资的困境，另一方面是由于民间借贷自我约束的有效性。宏观上，金融体系、宏观政策和监管措施是民间借贷风险形成和累积的制度因素。微观上，借贷行为自发性和隐蔽性、投机和从众心理、民间契约缺乏外部有效约束等是民间借贷风险不断升级的诱发因素，但在控制特定的制度因素等宏观环境变量后，研究社会资本对微观上民间个人借贷风险到宏观上民间借贷风险的作用机理，目前的研究并不理想。本书要探讨的核心问题是社会资本影响民间借贷风险的机理，因此把民间借贷行为的发生作为已知的控制变量来对待。此外，民间借贷风险并不是指宏观经济政策调整导致的外生性风险，而是指民间资金流动中产生的内生性风险，因此，本书所指民间借贷风险是借款人未能按期履行还款义务导致的可能引发出借方本息受损的风险。从风险程度上，民间借贷风险分为：第一，逾期偿还，但仍能全部归还本息；第二，不能全部归还本息；第三，本息全部不能归还，这三类民间借贷风险程度逐渐上升，本息全部不能归还的借贷风险等级最高。

1.2.3.3 社会资本

通过以上的综述可以发现，尽管分析社会资本的角度不同，但都强调了社会网络、信任、规范等对民间借贷风险发生和累积的重要影响。因此，借鉴前人的研究成果，本书从社会资本的微观角度分析社会关系网络、信任、规范等对民间借贷风险的影响。结合本书研究的借贷特征，微观社会资本是指民间借贷双方可利用的社会关系资源，包含社会网络、信任、规范三大要素。

1.3 研究目标与内容

本书研究的总目标是防控民间借贷风险，促进民间借贷健康发展，具体目标包括：①构建研究民间借贷风险的社会资本理论分析框架；②选取社会资本指标，用以度量微观社会资本；③分别通过抽样调查数据和观察点数据实证分析微观社会资本对民间借贷违约风险的影响，以期发现不同社会资本类型对民间借贷风险的影响及其影响程度；④通过较大数量的跨年份案例分析，发现社会资本对涉众型民间借贷违约的影响；⑤从社会资本角度寻求防范与控制民间借贷风险的路径选择。

本书通过构建民间借贷风险的社会资本理论分析框架，剖析社会资本影响民间借贷风险的机理，分别以抽样调查数据和观察点数据实证分析微观社会资本对民间借贷违约的影响，进一步通过案例分析社会资本对涉众型民间借贷违约的影响，最后从社会资本角度防范与控制民间借贷风险的路径。主要研究内容包括以下 6 个部分。第 2 章：社会资本与民间借贷风险：一个理论分析框架。本部分通过引入社会资本，构建民间借贷违约博弈模型，分析社会资本对民间借贷风险的正面和负面作用。第 3 章：社会资本影响民间借贷风险的机理分析。本部分通过

剖析社会资本对民间借贷风险的直接和间接影响机制，为实证分析提供理论依据。第4章：社会资本影响民间借贷风险的实证分析——基于CHFS数据的经验证据。本部分通过采用西南财经大学中国家庭金融调查与研究中心于2013年进行的第二轮中国家庭金融调查（以下简称CHFS）的横截面数据，运用回归模型分析社会资本对民间借贷风险的影响。第5章：社会关系影响民间借贷违约的实证分析——基于法院观察点数据。鉴于中国是一个关系型社会，社会关系对中国社会经济活动有着重要的影响，因此，本部分通过法院收集的数据资料进一步实证分析社会关系对民间借贷违约的影响。第6章：涉众型民间借贷违约案例分析。本部分通过收集的354个涉众型民间借贷违约案例，分析社会资本对涉众型民间借贷违约的影响，揭示社会资本变迁后民间借贷违约的异常现象。第7章：社会资本视域下防控民间借贷风险的路径选择。本部分在前述各章的基础上，从社会资本角度提出防控民间借贷风险的路径选择。

1.4　研究方法与思路

首先，借鉴民间金融理论和社会资本理论，通过文献调查和实地调研，在以往学者研究的基础上构建社会资本博弈模型；进而以规范研究方法为基础，研究社会资本对民间借贷风险的影响机理，并以此为基础，构建民间借贷风险研究的理论和方法基础。其次，运用抽样调查数据和观察点数据，定量分析社会资本对民间借贷风险的影响，进一步通过案例分析社会资本对涉众型民间借贷违约的影响。最后，将社会资本与民间借贷风险控制有机地统一起来，运用辩证、系统分析方法，研究从社会网络、信任、规范等社会资本角度控制中国民间借贷风险的思路和实现路径。

1.5　数据资料来源说明

本书数据资料来源于多方面：一是西南财经大学中国家庭金融调查与研究中

心的中国家庭金融调查数据；二是东南沿海某市法院的访谈资料。此外，案例来源于笔者自建的案例库。

1.5.1 CHFS 数据

本书计量分析的数据来源于西南财经大学中国家庭金融调查与研究中心于 2013 年进行的第二轮中国家庭金融调查（以下简称 CHFS）的横截面数据，CHFS 采用分层、三阶段与规模度量成比例（PPS）的抽样设计方案，抽取的样本上至黑龙江、下至海南、东至上海、西至贵州，共覆盖 29 个省份、262 个县、1048 个社区，累计达 27775 个家庭。CHFS 数据包含受访者家庭人口统计学特征（年龄、性别、职业、收入等），家庭资产与负债、家庭保险与保障、家庭支出与收入等方面的数据，共计 700 余项。

CHFS 数据库调查的民间借贷样本涉及农业、工商业、购买房产、购买车辆以及其他方面（主要包括教育）的民间借贷样本，本书在去除关键变量缺失的样本后，共筛选出 1109 个样本，作为目标样本，共覆盖东部、中部、西部地区的全部 29 个省市。其中生产性借款（包括农业生产借款与工商业经营借款）和生活性借款（包括购买房产、车辆及其他用途而产生的借款）家庭样本各有 513 个和 596 个，各占总体的 46.26% 和 53.74%。

需要特别说明的是，笔者曾尝试通过典型地区抽样调查获取数据进行定量分析，根据中国人民银行福州中心支行 2012 年对福建省民间融资情况的调查情况，确定了福建省内民间融资较为活跃的地区有：福州地区（根据活跃程度依次为长乐市、福清市、连江县、罗源县）、宁德地区（根据活跃程度依次为蕉城区、福安市、周宁县、福鼎市）、泉州地区（根据活跃程度依次为石狮市、惠安县、晋江市、南安市、安溪县）、漳州地区（根据活跃程度依次为南靖县、长泰县、漳浦县、龙海市、云霄县）、龙岩地区（根据活跃程度依次为新罗区、上杭县、永定县、长汀县、漳平市）、南平地区（根据活跃程度依次为建阳市、邵武市、武夷山市）、三明地区（根据活跃程度依次为永安市、沙县、将乐县、大田县、尤溪县）、莆田地区（根据活跃程度依次为仙游县和莆田县），分别选取了民间融资较为活跃的福清市、福鼎市、云霄县、长汀县、邵武市、沙县、仙游县 7 个典型地区，于 2013 年 6 月至 9 月对这 7 个地区进行方便抽样调查，共发放了 936 份问卷，经过整理，有效问卷有 712 份。在调研过程中笔者发现，尽管选择了民间融资较为活跃的地区，但仍然难以顺利有效开展调研，同时经过对采集的数据进行初步统计和分析，发现采集的数据并不理想，实证结果不符合预期，最终决定采用 CHFS 数据。

1.5.2 法院观察点访谈数据

该部分数据来源于 2013 年 1 月～2014 年 9 月对中国东南沿海某市法院 240 个民间借贷纠纷的访谈结果整理而得。为了便于获取研究所需的数据资料，笔者选择某市法院作为跟踪调查的一个观察点，一是由于该市是笔者的家乡，在家乡开展访谈可以确保访谈更加顺利；二是该市交通方便，可以大大节约调查的时间和成本。某市有 1 个中级人民法院，下设 4 个区法院和 1 个县法院。240 个借贷纠纷案件中，42 个来自该市中级人民法院，66 个来自 XY 县法院，38 个来自 HJ 区法院，25 个来自 LC 区法院，36 个来自 CX 区法院，33 个来自 XY 区法院。

在收集数据资料过程中，笔者通过选择法院开庭审理民间借贷纠纷案件的现场对当事人进行访谈，并努力做了 240 个案件的半结构访谈。访谈对象为原告（出借人）或代理人、被告（借款人）或代理人和案件经办人（法官）。在 240 个访谈中，有 96 个案件的被告缺席，其中，35 个案件由被告的代理人出席；28 个案件的原告本人未出席，而由代理人出席。在访谈过程中，78 位被告或代理人拒绝访谈，24 位原告或代理人拒绝访谈，实际上，没有办法对每一个案件的原被告双方当事人进行访谈，因此，为了节约访谈时间和成本，在原告或被告缺席或访谈不完整的案件中，笔者对案件的经办人进行了深度访谈。由于经办人对借贷双方当事人和具体案情了解详细，笔者不仅收集到研究所需要的数据资料，而且还通过访谈经办人检验了访谈资料的真实性，弥补了当事人缺席或不配合访谈导致的访谈效果不理想的缺陷，实现了通过法院渠道获取借贷违约资料的有效性和可靠性。在 240 份访谈资料中，提取了借贷双方性别、年龄、职业、住址、借款本金总额、借贷利率、借款用途、借贷双方关系、有否担保人等重要信息。

1.5.3 涉众型民间借贷违约案例数据库

基于中国涉众型民间借贷研究的重要性、迫切性以及民间借贷的隐蔽性和数据获取的难度，笔者通过互联网媒体收集了 1989～2015 年公开披露的 354 个民间借贷违约案例，并在此基础上建立了一个数据库。数据库涉及中国 23 个省、4

个直辖市、2 个自治区，包含 10 多项变量，并对每个案例的案发时间、地点、利率、金额、债权人规模、主要债务人基本情况等具体内容进行了综合整理。数据库表明，近十年来中国民间借贷违约事件数量明显增加，不仅东部沿海省份，诸如浙江、江苏、福建、广东、山东等成为重灾区，一些中西部省份，诸如内蒙古、河南、陕西、云南、甘肃等也成为违约高发地；集资诈骗逐渐成为违约事件的主导形态；债务主体构成复杂；所涉数额和人数规模扩大，借贷利率高企。总体来看，涉众型民间借贷风险防控更加艰巨和复杂。本书希望通过这些分析，可以为进一步了解中国民间借贷的现状和发展趋势提供一些重要的信息。

1.6 主要创新与不足

主要创新：①本书运用社会资本理论系统研究民间借贷风险，构建了较为完整的研究民间借贷风险的理论框架和方法基础，首次引入社会资本构筑民间借贷风险模型，并运用抽样调查数据和通过法院观察点访谈数据实证分析微观社会资本对民间借贷违约风险的影响，进一步以案例分析社会资本对涉众型民间借贷风险的影响，建立了利用社会资本理论系统研究民间借贷风险的崭新范式。②建立了跨年度和较大数量的涉众型民间债务违约案例库，并以跨年度案例研究社会资本对涉众型民间借贷违约风险的影响，揭示了社会资本变迁对民间借贷风险的动态影响，这在国内同类研究中尚未见到。③本书突破了以往研究仅考虑社会资本对借贷正面影响的局限性：一方面，通过构建博弈模型分析社会资本在民间借贷违约风险中的正面效应；另一方面，通过运用定性分析方法分析社会资本在民间借贷风险传染与扩散中的负面效应。同时，运用实证分析方法验证社会资本对民间借贷风险影响的两面性，使社会资本与借贷风险的融合研究更具有科学性。④本书突破了以往仅用单一数据进行实证研究的片面性，运用抽样调查、法院观察点访谈和案例库等多种数据对社会资本影响民间借贷风险进行递进式研究，从多角度、多层次对中国民间借贷不同程度的风险进行实证检验。

研究存在的不足：①民间借贷风险数据以微观数据为主。由于民间借贷的调查难度大，尤其是民间借贷风险数据采集难度更大，宏观层面上的民间借贷风险数据更是难以获取，这不仅影响了研究的顺利开展，同时也导致本书难以运用宏观民间借贷风险数据进行分析。②数据库收集的案例不够全面。部分民间借贷违约事件因受制于某些因素没有被媒体报道，建立的数据库不能网罗所有涉众型民间债务违约事件，影响了本书运用案例对涉众型借贷违约的进一步拓展分析。③难以直接度量宏观社会资本对涉众型民间借贷风险的影响及程度。笔者虽然努力地建立了1989～2015年涉众型民间借贷违约风险的案例库，长时间跨度的案例整体上反映了民间借贷违约态势，但由于宏观社会资本变迁难以度量，因此，本书无法对宏观社会资本对涉众型民间借贷违约风险的影响及程度直接进行度量。

第2章　社会资本与民间借贷风险：一个理论分析框架

越来越多的研究结果表明，社会资本在宏观方面具有凝聚和激励、导向和约束、纽带和辐射功能，在微观方面具有促进信息交流与传递、相互信任和社会担保功能，这些都是社会资本的积极功能，同时，已有研究还表明社会资本在信贷领域具有重要影响。社会资本对借贷契约的达成及其借贷风险控制尤其重要：借贷双方之间依托血缘、亲缘、业缘、地缘等关系建立相互信任关系，能够有效降低信息不对称下的高信息成本、交易成本和借贷的管理成本；如果借贷双方处于一个较为封闭的关系网络中，关系、信任、声誉等社会资本具有担保作用，可以减少借款人恶意违约行为并降低借贷风险。

不可否认，社会资本具有正面功能，但这些正面功能的发挥需要具备一定的条件，如在一个较为封闭的社会网络中，网络成员流动性低，成员之间具有较强的社会关系，在这样的关系网络中社会资本具有资证的作用，此时社会资本对成员具有较强的惩戒功能，如果借贷双方处于一个开放的关系网络中，由于网络成员的流动性强，信息扩展较慢，社会资本具有的惩罚作用减弱，此时借贷双方交易行为不仅难以发生，而且借款人容易滋生违约行为。因此，社会资本同时还具有负面的效应，而主流研究往往忽略了社会资本的消极功能。社会资本的负面效应可能导致民间借贷风险传染并扩散。

因此，为了证明社会资本对民间借贷风险的影响，本书遵循从民间借贷运行→风险产生→风险传染与扩散的逻辑思路，在研究中首先分析社会资本三大要素在民间借贷运行中的作用，然后构建博弈模型分析社会资本在民间借贷违约风险产生中的正面效应，并进一步分析社会资本在民间借贷风险传染与扩散中的负面效应，以期构建将社会资本置于民间借贷风险的理论分析框架之中。

2.1　民间借贷运行的社会资本逻辑

在信息不对称的信贷市场上，民间借贷具有正规信贷不可比拟的优势，它利用血缘、地缘、业缘等社会关系形成的社会网络和信任降低借贷的信息搜寻和获取等的交易成本，在降低交易成本的同时还利用借款人社会身份形成的社会惩罚机制，减少违约带来的风险。

2.1.1　社会网络

社会网络是社会资本的重要组成部分，具有度量便捷的特点，在民间借贷及其他经济领域的作用日益显现。社会网络衍生于家庭社群间的相互联系，具有提高收入、促进就业和分担风险的作用（Grootaert，1999；Munshi 和 Rosenzweig，2006；Fafchamps 和 Gubert，2007），也能够为网络成员的生产经营活动提供经验、技术、信息和资金支持（胡金焱和张博，2014）。稳定的社会网络能够消除个体间的信息不对称，也能够通过成员筛选、群体压力等方式来形成有效的监督机制，防范道德风险，减少机会主义行为（周广肃等，2014）。与此同时，稳定的社会网络也有助于在风险发生后以风险分担的形式为缓解消费水平波动及平滑收入风险提供保障（吴本健等，2014）。由此可知，社会网络对民间借贷具有广泛深远的影响。

由于民间借贷通常发生在“熟人社会”或“半熟人社会”，彼此知根知底，信息透明，手续简便，因而借贷风险低。相对正规信贷，民间借贷具有信息优势，但这种信息优势是相对的，与借贷活动的范围存在此消彼长的关系（Nagarajan 等，1999），在一定的人际关系即熟人关系网络范围内，民间借贷有其信息优势，一旦超出这种范围后，这些优势便成为制约其扩展的劣势（郭斌和刘曼路，2002；林毅夫和孙希芳，2005；张雪春等，2013）。一方面，在信息不规范的民间借贷市场上，借贷所需的信息是一些易于被熟人所掌握和了解的“软信息”，信息收集通常与日常生活结合在一起，通过闲言碎语（Gossip）方式进行收集和传递（张杰，2007），即使交易通过民间金融机构进行，由于民间金融机构的规模和服务的地域范围较小，日常生活也是其交易信息收集的主要途径（张杰，2007）。因此，民间借贷利用社会关系网络成员之间日常的人际交往，“熟人社会”中特有的信息收集、甄别等优势，以较低成本和较快速度收集信息。因此，只有借贷双方在地域、人际关系相近时，出借人才能通过这种方式收集和甄别信息，但当借贷双方关系超出一定的地域、人际关系，这种借助日常的人际往来收集信息的有效性降低，借贷违约风险相应提高。另一方面，民间借贷的信息难以进行标准化处理，信息交流必然受到极大限制，信息的扩散需要借助面对面的人际交流，或者通过地缘、血缘、亲缘等的关系网络传递。

现有研究也表明，社会网络能够增加农户民间借贷活跃度，是农户缓解流动性约束的重要手段；但经济发展和社会转型会使社会网络的功能出现弱化和虚化，具体表现为“农村强、城镇弱”，这也在一定程度上揭示了我国城乡金融发展的系统性差异（胡金焱和张博，2014；杨汝岱等，2011）。此外，社会网络对农户参与民间借贷借出也具有影响。社会网络强度同农户民间借贷借出参与率呈正相关，但随着收入增加和正规金融发展，社会网络对农户参与民间借贷借出的作用呈减弱趋势（王晓青，2017）。进一步地，Lee 和 Persson（2016）通过构建理论模型，发现社会关系有助于降低道德风险。Karlan 等（2009）则以秘鲁两个低收入贫困区为例，运用实证方法揭示了强关系对降低非正式借贷违约风险的作用。刘西川和陈立辉（2012）基于理论模型对温州民间借贷进行了研究，发现在社会转型阶段，相较于血缘型和地缘型社会关系，业缘型社会关系和关联性交易能够更为有效地甄别和降低民间借贷风险。

由此可见，在民间借贷运行中，社会关系网络的信息传递机制具有重要的作用，保证民间借贷高效率运行，同时，在一定程度上有助于降低民间借贷风险。有必要指出的是，目前社会网络相关研究数量虽多，但就社会网络本身却存在两点争议。一是社会网络有效性之争。相较于社会网络的广泛性，社会网络的质量更为重要，即有效社会网络才能真正发挥社会网络的作用（Bourdieu 和 Coleman，1991；胡枫和陈玉宇，2012；刘林平，2006）。二是社会网络强弱影响的异质性之争。有学者指出强社会关系网络并不总是有利的，成员之间过于熟悉会导致个体隐私及个体行为自主性降低（Boissevain，1974）；故当借贷双方关系过于亲密时，由于双方个体行为自主性降低，使借贷过程更容易受到非经济因素（亲情、友情等）的干扰，进而导致借贷违约风险增加（周孟亮和蒋文华，2014；Burt，1993）。

2.1.2 信任

信任一般被分成两类，不同的学者有不同的表述。如 Weber（1964）提出的特殊信任与普遍信任[①]；Luhmann（1979）提出的人际信任与制度信任；Knack 和 Keefer（1997）提出的特殊信任与一般信任；Uslaner（2002）提出的特定性信任和一般化信任，本书借用了 Weber 的特殊信任与普遍信任，但与 Weber 的特殊信任内涵有所不同，本书的特殊信任是指建立在血亲关系和亲密朋友关系的基础上，是非正式规范约束下的自觉遵守，是一种人际关系信任。普遍信任是指建立在正式制度和组织基础上，受正式制度的强制性约束，是一种更高层级的制度信任。显然，中国的人际关系信任主要来自熟人社会，总体社会信任感低，普遍信任尚未完全建立，正处于从特殊信任向普遍信任过渡的转型阶段（王俊秀和杨宜音，2013）。

费孝通指出，中国人的信任是建立在亲朋好友关系或纯亲戚关系之上，并呈现由里及外、内外有别的不同信任程度。[②] 在我国，信任一般可以根据依附途径的不同分为以血缘、亲缘、姻缘等为基础的特殊信任和业缘、地缘等为基础的一般信任。传统的思想观念和生活习俗决定了中国人更加重视以血缘和亲缘为基础的核心社会资本，家族之内的社会成员彼此之间的信任程度较强，而针对家族之外的社会成员而言，其信任度则明显降低。因此，在我国民间借贷市场上，出借人对借款对象的选择往往也会呈现上述特征。

信任具有降低道德风险的作用。在经济交易中，经济主体所获得的信任度越高，发生策略违约的风险就越小（Turvey 和 Kong，2010）。当交易各方具有良好的信任水平时，成员之间将彼此依赖、相互合作，凭借各方的诚信和认可的合理行为进行交易，形成所谓的期望资产；在这一状态下，任何一方的违约行为都将破坏这一平衡并造成期望资产损失，无形中增加了交易各方的违约成本，有助于降低道德风险（Knez 和 Camerer，1994）。综合现有关于信任与借贷关系的研究发现，长期合作、团体贷款、担保抵押、关联交易等均有利于借贷双方信任的构建。进一步地，根据借贷对象的不同，可以将信任划分为借款人与金融机构间的信任或与熟人间的信任，而我国农户由于缺乏抵押物、收入低等原因，较难取得

① 李伟民，梁玉成．特殊信任与普遍信任：中国人信任的结构与特征[J]．社会学研究，2002（3）：11－22.

② 费孝通．乡土中国[M]．南京：江苏文艺出版社，2007.

金融机构的信任（蒋永穆和纪志耿，2006）。有学者将经济和非经济因素结合起来对标会展开研究，发现信任等文化因素嵌入标会行为，有助于降低小规模、社区性标会的风险（胡必亮，2004）。需要特别说明的是，基于人际关系的信任具有边界性，在一定的人际范围内，信任能够起到降低道德风险的作用，当超出人际关系范围，信任不仅不能降低道德风险，反而可能加剧风险。

楼远（2003）形象地刻画了中国民间信任的演化路径：从特殊信任向普遍信任递进；与信任形式演进相匹配的民间信用同样表现出相应的递进规律：私人借贷→民间借贷组织→具有金融互助性质的民间信用→民办金融机构。一是私人借贷（一般发生在亲友、乡邻之间），它对应于亲缘、地缘以及朋友间的信任关系。二是各种民间借贷组织如“抬会”、钱庄、典当行等，此类组织的服务范围基本是本村本里，服务半径在 2 千米以内，这是一种较为低级的社群信任形式。三是企业之间的商业信贷多发生在因长期业务往来而相互熟悉的圈内人之间，它已超过乡邻亲友间的融资关系，因此，它已是一种较高级的社群信任形式。四是以合伙投资、商会、互助贷款协会、互助担保协会等形式存在的金融互助组织。这类组织的活动一般都已超出乡土范围，而可以为县市一级甚至更高层的企业融资提供服务，此类组织已较为正规，无疑是高级的社群信任形态。由此可见，民间借贷形式与信任层级相对应，借贷活动范围越广，所需要的信任层级越高。

综上所述，基于人际关系的特殊信任对提高民间借贷运行效率具有重要的作用，但同时也制约了民间借贷活动的范围，一旦超出特殊信任边界，民间借贷风险随即增加。

2.1.3 社会规范

社会规范是社会资本的一大要素，是个人面子或声誉、邻里信任、乡土人情、传统礼俗等，是一种非正式制度，能够对行为主体产生较强的约束力和规范力。一个人的声誉首先在关系网络中建立“口碑”，一传十，十传百，形成声望，就像一个人的文凭和证书一样，是一种资本（林南，2005）。“面子”即声誉，是一种社会资本，由社会公众所形成和持有，行为者（即信誉主体）因诚实交易、信守合约、真诚合作而赢得的声誉（程民选，2005）。“面子”或声誉成为一件和个人自尊密切关联的重要事情，当中国人主观地觉得“失去面子”时，他的自尊心会受损，造成情绪的不平衡。声誉价值体现在经济收益和非经济收益两方面，后者包括尊重、赞赏、归属感等社会收益（贾生华和吴波，2004）。

尤其在熟人社会里，“面子”更是一种社会资本，一旦“失去面子”，这种信息很快会在熟人社会扩散，从而使行为主体受到社会谴责。

在民间借贷市场上，借款人的借贷行为不仅直接受到自身经济实力、还款能力的约束，而且更容易受到面子、人情、礼俗等传统思想道德的约束。由于民间借贷合约是一种私人契约，具有非市场化的交换功能，实行“非等价交换”原则，因而，传统的家族观念、伦理道德、文化习俗等非正式制度对合约的执行约束力更大，许多无法通过法律机制来执行的非正式合同的交易行为则由声誉机制来保证完成（张维迎，2002）。如在熟人借贷中，如果借款人发生一次非正常原因的赖账不还，那么，出借人将会永远终止与借款人的经济关系。更关键的是，这种信息将会扩散出去，借款人的“恶劣行径”就会成为整个熟人圈子的共同信息，从而使潜在违约面临惩罚扩大化的威胁，其根本的原因在于在熟人社会中借款人的声誉信息易于传递，以及社会对不良声誉的惩罚力度，这种惩罚即使不能施加于借款方本人，也可以通过家族成员而实现，惩罚力度之大以至于违约者无法在当地立足，甚至再也不能得到贷款。但随着民间借贷主体的复杂化，放贷主体不仅有职业放贷人、企业法人、个体经营者以及寄卖行，还有小额贷款公司、投资公司、担保公司、典当行等，借款人也从生活困难或资金周转需要的个人扩展到融资经营的个体工商户、中小企业，借贷范围远远超出熟人网络，此时，信息扩散受阻，传统的伦理道德、礼俗、“面子”等的作用下降，社会惩罚约束力也大大下降。由此可见，社会规范具有约束和激励功能，能够凭借声誉机制保证民间借贷有序运行，当然，社会规范的约束和激励功能仍然具有边界性，只能在熟人圈子发挥应有的作用。

关于社会规范与民间借贷的研究数量较少，主要原因在于指标较难量化，故本书仅对社会规范的广义作用进行梳理。社会规范是社会网络成员中认可并一致遵守的非正式行为准则，有助于促进网络成员间通过诚实守信、自觉履约、互利互惠等行为实现高效合作，能够激励成员放弃个人私利服从集体利益，进而对个人信用行为产生约束作用（李爱喜，2014；Burt，1993；Coleman，1990），显然，这是社会规范的约束功能。从本质上看，在信任和社会规范背后起关键作用的是声誉机制，声誉价值的高低同交易次数与合作时间呈正相关，较高的声誉价值也意味着较大的违约成本（赵丙奇，2013）。

2.2 基于社会资本的违约博弈模型

理论上，新经济社会学的社会资本视角为解释微观行为和宏观结果提供了强有力的分析工具，博弈论模型为解释人类的社会行动和集体行动提供了崭新的视角。基于此，本书构建了博弈论模型探讨社会资本对民间借贷违约风险正面效应的理论解释框架，试图完整地阐释社会资本对微观主体借贷违约行为产生的作用机理。

2.2.1 博弈分析说明

由于民间借贷行为嵌入社会关系网络之中，借贷行为本质上具有经济性质，双方追求经济利润最大化，但由于借贷双方既是经济人又是社会人，借贷行为同时受人情、面子、血缘、亲缘等各种关系的影响，借贷行为具有明显的社会性，此时双方追求的不仅仅是经济利益最大化而是社会利益最大化，因此，本书假设借贷双方是经济和社会理性的，借贷双方的预期收益是包括货币利息、人情、信任、社会声誉、感情等各种经济和社会因素在内的综合收益。

对民间借贷的分析符合标准的博弈形式：即在个人的博弈标准中，参与借贷者 X 的策略组合为 X_i（$i=1, 2, \cdots, n$），收益函数或支付函数为 Y_i（$i=1, 2, \cdots, n$）。当借贷参与者 $i=2$ 时，该博弈表示为：$Z=\{X_1, X_2, Y_1, Y_2\}$，局中人为（出借人，借款人），策略集：出借人 =（守信，违约），借款人 =（守信，违约），在不同情况下，出借人收益记为 R_i（$i=0, 1, 2, 3$），借款人收益支付函数为 Y_1、Y_2，假设借贷利率为 r，本金为 P，个人声誉能给借款人带来的收益为 a，社会关系带来的收益为 b，社会舆论带来的收益为 c，这些收益对借款人来说同时也是借款人违约必须支付的社会成本，记为 D。

2.2.2 出借人与借款人的违约行为博弈

2.2.2.1 违约成本 D=0 时借贷双方之间的博弈分析

20 世纪 80 年代末以来，随着中国经济发展、人口流动性增加，中国社会结构发生了深刻的变化，总的趋势是从以血缘、地缘关系为基础的乡土社会向现代

的超血缘、地缘的以业缘为主的契约社会演变（彭文平和肖继辉，2008）。由于地域性人际关系网络的扩展，借贷双方处于一个相对开放的社会关系网络，网络成员流动性高、异质性强，民间借贷的运行基础从特殊信任关系演变为一般信任关系，借贷交易沦为一次性博弈，此时，机会主义倾向、道德风险和逆向选择凸显，导致民间借贷信用环境恶化，违约率上升。因此，在一个相对开放的社会网络中，借款人违约信息传递速度较慢，违约可能遭受的个人声誉、社会关系、社会舆论等的社会资本损失极低。同时，由于民间借贷的相关法律目前仍然缺乏，虽然民间借贷纠纷可以依据《中华人民共和国民法通则》的相关规定，但仍然存在诉讼难、裁决难、执行难等问题，在相应法律制度不够健全的情况下，民间借贷违约的法律成本相对较低，因此，因研究的需要，本书暂不考虑民间借贷违约的法律成本。综上，假设借款人违约的社会成本极低，即 D=0。

在违约成本 D=0 时，借款人作为理性的经济和社会人，存在着违约行为或违约倾向，其根本原因就在于违约的社会制裁对借款人无效，违约的收益高于违约成本。如果出借人的损失能够给借款人带来更多的收益，在没有有效的外部约束包括法律和社会制裁等机制下（如违约成本 D=0）时，那么借款人必然选择对自己有利的策略而不会顾及对方的损失。因此，在一个相对开放的借贷网络中常常出现违约就不足为奇。在民间借贷过程中，本金和利息的偿还方式主要有以下6种：①本息全部没有归还；②归还部分本金和部分利息；③归还全部本金，利息没有归还；④归还全部本金和少部分利息；⑤归还全部本金和大部分利息；⑥本息全部归还，无论哪一种违约方式，由于违约成本为0，借款人违约的收益总是为正。因此，为了简化分析，本书不考虑本金和利息部分归还的情况，只以本息全部没有归还的情况进行阐释。由图2-1可知，在违约成本 D=0 时，出借人守信的情况下，如果借款人守信要支付 $-P\times r-P$，借款人违约获得的收益是 $P+P\times r$；出借人违约的情况下，如果借款人守信要支付 $-P\times r-P$。无论借款人守信与否，对于借款人来说，违约比守信相比显然更加有利可图，因此，借款人在违约成本为0时，必然选择违约。以上可用矩阵图表示（见图2-1）。

（借款人 X_1）

（出借人 X_2）		
守信	$(R_0,\ -P\times r-P)$	$(R_1,\ P+P\times r)$;
违约	$(R_2,\ -P\times r-P)$	(0, 0)

图2-1　违约成本 D=0 时借贷双方的博弈

2.2.2.2 违约成本 D≠0 时借贷双方之间的博弈分析

中国传统乡村社会是一个由封闭的地域性人际关系网络构成，网络成员流动性低、同质性强，成员之间互相熟悉，彼此知根知底，成员之间的信任程度高，信息传递速度快。在这种社会网络中，借贷行为反复发生在同一网络中的熟人之间，因而，传统乡村社会的借贷构成一种基于血缘、亲缘和地缘关系的重复博弈行为，借款人的违约成本极高，一旦违约，消息很快在人际关系网络中传递并传播出去，导致借款人社会名声受损，甚至借款人整个家族的声誉被毁。在这种情况下，借款人违约的社会成本极大，违约会带来社会资本的严重损失。虽然中国社会发生了深刻的变化，很多乡村社会已经不再是封闭的人际关系网络构成，而是相对开放的，乡村社会人员流动性也相当频繁，但由于网络通信技术的普及，人们借助网络和通信方式同样能够非常迅速地传递信息，从而对违约行为起到一定的震慑作用，因此，民间借贷信用环境相对良好，借款人讲究信用并重视自己的社会资本和声誉价值，违约对借款人的成本极大，假设违约成本为 $-a-b-c$，即 D≠0。

在其他条件不变的情况下，由于借贷双方是经济和社会理性的，借贷双方一方面不仅参与交易域的经济博弈，同时还参与社会交换域的重复性的社区博弈。在社会交换域的社区重复博弈中，作为一个有社会声誉的社区成员，将会获得一定规模的社会资本和声誉价值。由于民间非正规借贷契约的实施机制和信用保护机制事实上是在一个关联博弈中进行的：即非正式信贷契约过程的交易域中的博弈与其基于血缘、地缘关系范围的社区交换域中的重复博弈（黄君慈和罗杰，2006）。因此，本部分借用博弈模型中的关联重复博弈进一步分析借贷双方因为社会资本的社会惩罚力，使借款人与出借人诚实合作，从而降低民间借贷违约概率。借款人不守信时进行违约惩罚的博弈关系可用图 2-2 表示。

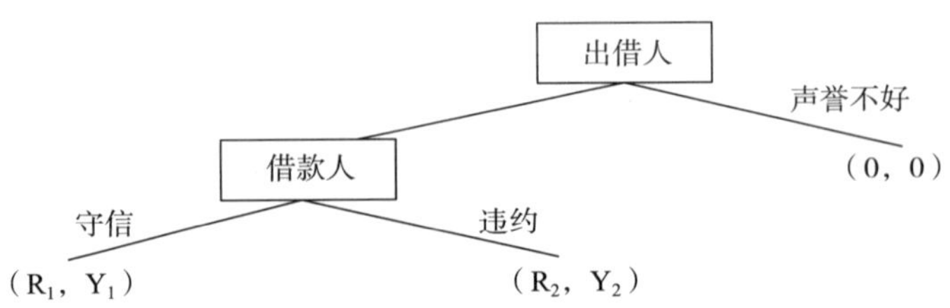

图 2-2 违约成本 D≠0 时借贷双方的博弈树

由图2－2可知，在博弈的第一阶段，出借人根据初始声誉情况选择借款人，如果借款人声誉不好，则拒绝借款，此时，双方的收益都为零；如果借款人声誉良好，就达成借贷交易，博弈进入第二阶段。借款人得到资金后有两种策略：一是守信，出借人的收益为 R_1，借款人的真实收益为 Y_1，即 $-P\times r-P+D$（根据上述分析，本部分只考虑本息全部没有归还的情况），取决于现时支付 $P\times r+P$ 与社会资本收益 $a+b+c$ 的差额；二是借款人违约，出借人的收益为 $-R$，借款人违约后的真实收益为 Y_2，即 $(P\times r+P)-D$，取决于现时收益 $P\times r+P$ 与社会资本 $a+b+c$ 的差额。由于民间借贷主体基于血缘关系、有限地缘关系的特殊信任主义，其信用范畴的信贷博弈有效地嵌入其赖以生存的社区交换域的重复博弈，并且其交易域和社区交换域基本重叠，信息完全性与信号传递效率高，使关联博弈的关联度强，交易域和社区交换域双重惩罚机制的可置信度高，借款人违约成本高（黄君慈和罗杰，2006），违约的社会资本收益或成本 D 很大，使 $P\times r+P<D$。因此，在守信和违约的双重博弈下，由于 $a+b+c>P\times r+P$，借款人守信比违约更加有利可图，因而会选择守信。

由上可见，如果在民间借贷市场中对于违约行为不存在有效的惩罚，对借贷主体的约束力不强，就会造成民间借贷大量违约的现象，因此，加大违约成本，可以在一定程度上降低民间借贷违约的概率。

2.2.3　小结

通过运用博弈论模型分析社会资本在民间借贷违约风险中的正面效应，理论分析表明，在一个相对封闭的人际关系网络中，网络成员同质性强、流动性低，成员之间互相了解、信任程度高，信息传递速度快，借贷行为在一个重复博弈的环境中进行，此时，社会资本、声誉价值极高，并通过信任、声誉、网络等机制对民间借贷市场发挥着积极的作用，违约对借款人会造成严重的社会损失，守信是借款人的最优选择，在这种情况下，社会资本的惩戒功能具有社会担保的作用，能够起到降低违约风险的概率。而在一个相对开放的人际关系网络中，由于网络成员异质性强、流动性高，成员之间并不了解，人际信任程度低，信息传递速度慢，社会资本无法通过特殊机制对民间借贷市场发挥正面的作用，社会资本的惩戒功能失效，借贷行为在一次性博弈环境中进行，借贷违约成本极低，因此，违约是借款人的最优选择。

2.3 民间借贷违约风险的传染与扩散

近年来，民间借贷违约案件频繁爆发，民间借贷风险大有传染和扩散之势，民间借贷风险从最初的个人违约行为演变成波及面较广的局部地区违约风波，那么，是什么导致了民间借贷违约风险的传染与扩散？本部分借用“嵌入性”和“结构洞”理论分析个人民间借贷风险向局部甚至整体民间借贷风险演变的逻辑，试图解释民间借贷从微观主体的风险演变成宏观层面风险的动因。

2.3.1 相关概念

2.3.1.1 风险传染

风险传染是一个动态的过程，其危害程度主要根据传染范围和实际破坏程度来评判。本书借鉴吴宝等（2011）关于企业间风险传染的概念来定义民间借贷市场上的风险传染，因此，本书的风险传染是指借款人财务困境的传递，最典型的是借款人财务困境进一步恶化导致破产从而引发“多米诺骨牌现象”。

2.3.1.2 风险扩散

相对于风险传染而言，风险扩散既可以是动态的过程，也可以指一种静态或相对静态的结果即由于传染而造成风险的扩散。风险扩散的方向分为单方向、双方向、多方向、混合式，随着扩散方向的复杂性，扩散的路径也依次变得更加复杂，影响程度不断放大，风险控制难度也不断变大。鉴于本书运用社会资本理论研究民间借贷风险从传染到扩散的演变逻辑，并不讨论风险扩散方向和路径，因此，将风险扩散界定为民间个人风险向更多的债权债务主体转移，并可能引发更大规模的债权、债务链条断裂，实际上是指当民间借贷风险传染达到一定范围时即形成风险扩散。

2.3.1.3 嵌入性

“嵌入性”概念最早由 Polanyi 在 20 世纪 40 年代提出。Polanyi 指出对经济理论的分析要置于制度框架之下，强调了经济主体的社会嵌入性，其认为市场嵌入于社会中是人类历史的本质和普遍逻辑，经济牢牢地附属于整体社会是经济的本质特征，且经济行为者的理性概念也并非所有经济形式都必须具备的因素。Polanyi 所提出的“嵌入性”概念对于理解经济行为的社会条件以及社会因素对经济行为的影响和作用有着重要意义。但有必要指出的是，Polanyi 主要是从宏观视角论证了经济与社会的嵌入关系，对于微观视角的嵌入过程和规则并没有进行研究。20 世纪 80 年代，Granovetter 基于对经济学和社会学在个体行为出发点这一问题上存在分歧的反思，再次关注“嵌入性”这一概念，指出人们的经济活动嵌入社会网络结构之中，并在社会网络内的互动过程中做出决定，对该概念的内涵进行了深化和拓展。Granovetter 在详细论述经济与社会基本关系的前提下，从中观视角和微观视角具体考察了影响经济行为的社会因素，并运用数理方法从社会网络角度对这些因素进行了分析，构建出一系列嵌入性关系模型。Granovetter 所提出的观点主要包括“嵌入方式可分为关系性嵌入和结构性嵌入”“强连带能够产生信任”“弱连带在传播信息方面具优势”。

2.3.1.4　结构洞

Burt 在 20 世纪 90 年代提出了“结构洞”概念。Burt 以参与者如何在竞争场域获取竞争优势作为研究出发点，提出竞争场域的社会结构是决定其投资回报率的关键因素。但是同质的、重复的网络并不会带来社会资本的增加，因而结构洞概念应运而生。“结构洞”指的是社会网络中的空隙，即社会网络中某个或某些个体和有些个体发生直接联系，但与其他个体不发生直接联系，即无直接关系或关系间断，因而从网络整体看，好像网络结构中出现了洞穴。因此，结构洞是非重复的联系间的“断开”，是一种非冗余关系（吴宝等，2011）。

Burt 将网络视为是一种社会资本，每个人都要通过关系网络获取收益最大化，而结构洞的实质则是指网络中主体之间关系的非重复性。在结构洞中，将无直接联系的两者联系起来的第三者拥有信息优势和控制优势。因此，每个人都希望争取占据结构洞中第三者的位置，并且为保持结构洞的存在和自身优势而不能让其他两者联系起来。

2.3.2　理论解释框架

2.3.2.1　借贷网络结构异化与风险传染

民间个人借贷行为嵌入于社会网络结构之中，由于信息机制、信任机制和社会惩罚机制的作用，民间个人借贷不易出现违约行为，但随着个人逐利动机的增强，借贷网络中“中间人”角色的增多，个人借贷逐渐上演违约行为。如图 2－3所示，在没有“中间人”的个人直接借贷过程，双方借贷行为嵌入于社会网络结构中，由于受到关系、信任等社会因素的影响，借贷双方并不单纯追求货币收益性，而是追求货币收益、人情、感情、信任、声誉和面子等在内的综合收益。在关系、信任和社会惩罚的作用下，借款人不会轻易违约。但由于受投资驱动及投资回报周期性的影响，借款人的借贷规模具有不断扩张的动机，必然不断增加借贷规模和扩大借贷群体，从而使借贷网络不断扩大。当民间借贷网络扩大后，借贷双方的交易也从直接联系向“中间人”介绍完成借贷关系转变（曾志敏和叶岚，2012）。由于“中间人”的出现，这种借贷关系不具有稳定性，借贷链条长，借贷网络结构复杂，借贷行为从原先嵌入于关系、信任的社会网络结构转向逐利结构之中，使借贷网络结构出现异化，借贷行为趋向逐利化。借贷风险因“中间人”增加而出现累积并逐渐传染，从而使风险进一步扩大化。

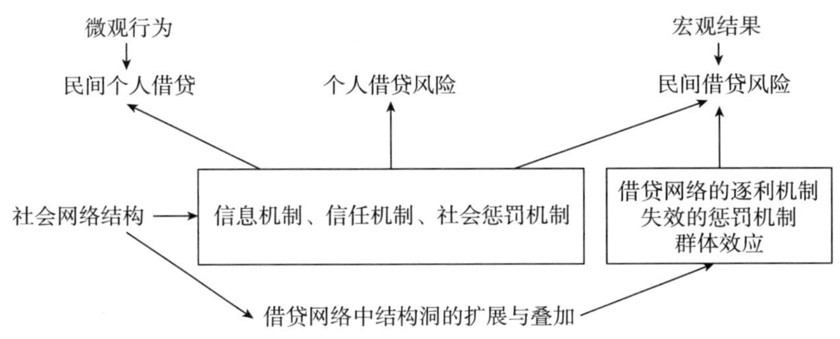

图 2-3　理论框架解释

2.3.2.2　结构洞与民间借贷风险扩散

结构洞是借贷网络中重要的节点，“中间人”位于结构洞位置，通过控制借贷链条中的信息和收益取得回报。如 A→B→C 借贷链条中，B 是中间人，A 和 C 分别是出借人和借款人，A 和 C 双方既可能认识，也可能不认识，A 和 C 通过 B 完成借贷交易，B 占据结构洞位置并将自己的社会网络关系嵌入 A 和 C 的借贷网络中，B 获得利差或者其他物质或“人情”回报。同理，A→B→C 借贷链条可以进一步扩展，“中间人”可能是多人，即结构洞可能是多层级的，出借人和借款人之间可能完全是陌生的，也就是说在最简单的借贷关系中，如 A→C 借贷中，A 依赖社会关系、信任与 C 达成借贷关系，但是随着“中间人”的出现，结构洞层级增加，A 与 C 之间的信任结构逐步演变成存在级差利息关系的逐利

结构。

如图2－3所示，当借贷网络的结构洞不断扩展和叠加时，借贷关系更加错综复杂，借贷双方原先依赖的信任、关系等社会资本出现异化，双方之间的关系、信任弱化，社会惩罚机制失效，借贷双方唯利是图，利息级差层级增加，“中间人”以占据结构洞的位置坐享其成，个人逐利的利益驱动吸引着越来越多的投机者，从而形成引发借贷的群体效应，导致个人借贷风险逐步演变成民间借贷区域风险。

本章综合运用了“博弈论”“嵌入性”“结构洞”等社会资本理论分析民间借贷违约风险的产生、传染与扩散，构建了运用社会资本理论分析民间借贷风险的理论分析框架，揭示了民间借贷个人风险如何演变成区域风险的逻辑。

第3章　社会资本影响民间借贷风险的机理分析

社会资本包括三大要素：社会网络、信任和社会规范，并通过不同机理对民间借贷风险产生重要影响。本书认为，社会资本通过社会关系网络的信息机制、信任机制、社会惩罚机制三个层面对民间借贷风险产生直接影响；通过收入机制和关系机制两个层面对民间借贷风险产生间接影响。

3.1　直接影响机理

3.1.1　信息机制

在民间借贷市场中，出借人主要是通过整合已有社会关系网络成员之间的社会资本来降低自身与借款人之间存在的信息不对称程度，进而降低交易成本和借贷风险。无论是过去还是目前，我国民间借贷市场的繁荣和活跃正是因为其能够充分运用当地的社会资本，诸如地缘、人缘、业缘、姻缘等关系，其中，信息机制扮演着不可或缺的角色。

按照费孝通的“差序格局”理论，中国乡村社会是“差序格局”的“熟人社会”，熟人之间的信息相对较为透明，流通阻碍较低，特别是亲戚和朋友，通常相互了解、彼此知根知底，其能有效化解民间借贷市场中的信息不对称问题。此外，在我国民间借贷市场所发生的借贷业务中，熟人与熟人之间或亲戚朋友之间的借贷行为占据一定比例，因而借贷过程中所需要获取的信息时常与日常生活紧密联系。此类信息在产生方式上往往是日常生活的附带品，信息的收集主要通过亲朋与街坊等人群中的闲言碎语方式，信息收集费用极低，同时还具有较强的信息价值和较快的信息传播速度。如果出借人与借款人之间的联系越为密切、交往越为频繁、关系越为亲密，出借人就越容易获得对于借款行为而言更为有价值的、专有的、特殊的、具有一定封闭性的内部信息。这也正是"熟人社会"在民间借贷市场上的体现，其不仅具有特定的信息收集、信息甄别等的优势，且在以较低成本收集借贷信息的同时也能够有效甄别借贷风险，进而进行针对性规避风险。

以农村借贷市场为例，Hoff 和 Stiglitz（1990）提出，正规金融机构在农村借贷市场上无法具备较强竞争优势的主要原因是因为存在着较为严重的信息不对称现象，这就容易导致正规金融机构对借款人的搜寻成本、执行成本和监督成本过高。但如果借助社会资本信息机制作用的发挥，就能够较为有效地缓解借贷过程中存在的信息不对称问题。因为无论从制度、程序、监管等角度看，大部分农村借贷市场均属于完备性较差的民间借贷市场，在此类市场中往往存在着"特殊"社会关系，通过对该类社会关系的运用可以更好地获悉借贷双方的真实情况，从而为借贷业务的相关方提供有用信息，进而有效地避免或减少借贷风险。由此可见，在信息不对称的情况下，社会资本可以有效降低信贷市场中信贷双方的筛选成本、履约成本和监督成本，从而从整体上减少民间借贷的交易成本并提高交易效率，也能够有效减少民间借贷风险。

又如标会或互助会，其成员之间大多联系密切，具有较强的亲缘或地缘、人缘、业缘等特征，成员彼此熟悉对方的诚信品质、经济状况、借贷需求等。在借款人对标会或互助会成员的筛选中，借款人实质上已经对自身的社会资本，即现有的信息和成员之间的信任等进行了充分的运用。早期的标会和互助会模式能够较为有效地减少借贷风险，并实现部分借贷风险的内部科学化转移，即由出借人通过借助于社会资本，督促其他成员更为负责、仔细地甄别和挑选借款人，并能够通过彼此熟悉的社会成员关系，在贷款过程中更为有效地监督借款人的行为以及在必要时采取特定措施强迫借款人按时还款，以避免触发成员个人或集体违约行为，从而实现风险转移。因此，从本质上看，民间标会或互助会等正是有效地利用了熟人之间相互知根知底的特征，从而利用社会资本的优势和信息机制所发挥的作用来提高借贷效率和降低借贷风险。而且，出借人也可以通过借款人的人际关系网络来了解借款人的信息，包括个人人品、诚信品质、还款能力、经营能力、财富信息等，且信息的真实性和时效性也相对较高。但随着标会或互助会规模扩大，成员结构越来越复杂，信息传递机制受阻，信息不对称程度提高，导致风险增加。

综上所述，信息机制作用于民间借贷市场中，不仅可以降低出借人的信息甄别成本和借款人的信息搜寻成本，而且能够有效破解民间借贷市场中长期存在的信息不完备和信息不对称问题，有效提升民间借贷市场的运行效率和减少民间借贷风险。

3.1.2 信任机制

在经济交易过程中，信任是不可或缺的条件之一。如果交易双方缺乏信任，交易将难以继续和维持。社会资本直接影响交易双方信任的形成，而信任则是社会资本作用于经济活动的基本途径之一。Torsvik（2000）指出，信任作为社会资本的一种重要存在形式，能够在经济活动与社会合作中发挥关键作用。具体而言：第一，信任是经济活动与社会合作的基石，能够有效地解决社会成员间长期存在着的“集体行动困境”难题；第二，信任能够促进社会成员间的自发合作，能够成为互助式经济活动的催化剂；第三，信任有助于形成良性循环机制，不断深化和巩固不同社会成员在经济活动和社会合作中的关系，促进经济社会发展。

信任可以减少民间借贷市场中借贷双方之间存在的不确定性，信任度的高低则直接影响到借贷双方之间的交易意愿，并起到提高交易效率和规避借贷风险的作用。与正规金融相比，民间借贷市场中借贷双方的信任机制相当于借款人向正规金融机构提供的抵押或担保，通常表现为出借人和借款人之间的信任程度越高，借款人在获取借款时所提供的担保品、抵押物就越少，或获取借款的流程就越为简单、利率越为低廉，而这实质上是通过社会资本的信任机制来弱化借贷市场中的逆向选择和道德风险问题，最终促进借贷双方之间借贷合约的维系、遵循和稳定。

信任也总是与风险相联系，信任在一定程度上意味着风险（王俊秀和杨宜音，2013）。在基于血缘、亲缘、姻缘等人际关系信任基础上的借贷网络里，借贷双方彼此知根知底，不仅借贷成本降低，借贷违约风险也相应降低。但近年来中国民间借贷形式不断翻新，层级不断递进，借贷活动范围扩大，跨地域融资现象相当普遍，借贷违约风险明显增加，这与中国社会信任层级仍然以特殊信任为

主有密切关系。由于特殊信任具有边界范围，其作用力与有效性难以超越熟人社会范畴，因此，当借贷网络超出熟人范围，借贷双方相互信任水平下降，出借人很难通过人际关系网络收集借款人的信息，而信息的掌握又影响出借人对借款人的信任判断，信息越少，出借人对借款人还款能力的判断力越弱，借贷违约风险就越大。

通过信任机制的发挥，民间借贷市场上的出借人和借款人不仅能够实现借贷效率的提高，而且能够有效降低借贷成本和借贷风险，使整个民间借贷市场的资金配置效率自发地趋向于帕累托最优状态。在信任机制作用下，相较于借款人与正规金融机构所签订的借贷合约，借款人与出借人之间所订立的民间借贷合约无论是规范性、完善性、严肃性和约束性都更为简单，而且往往在违约或部分违约行为发生时，双方能够更容易实现借贷合约的重议。可以说，借贷双方之间的信任关系构建在很大程度上基于双方原有社会资本所产生的信任、承诺和声誉。

综上所述，信任机制作用于民间借贷市场中，在有效增强出借人和借款人之间互信、提高资金需求者信贷可得性的同时，也有效降低借贷市场中长期存在的逆向选择和道德风险问题，从而提升民间借贷市场的运行效率和减少民间借贷风险。

3.1.3 社会惩罚机制

从社会资本视角分析，在民间借贷市场中，借款人受到的个人面子、邻里信任、乡土人情、礼俗等传统道德礼俗约束，更加注重按时履行借贷合约，避免故意违约行为出现，其实质就是社会资本的社会惩罚机制在民间借贷市场上发挥作用的结果。林南（2006）提出，个人面子、邻里信任等均作为重要的社会资本而存在，是社会公众在日常生活和经济活动中所形成和持有的。社会公众因诚实交易、信守合约、真诚合作等行为而赢得周边群体的广泛认同，这无形中已经增强了其社会资本。林南（2006）进一步指出，在众多类型的社会资本中，声誉对于社会成员而言尤为重要。社会成员获取社会声誉的前提是首先在个人社会关系网络中构建起良好的口碑。良好的口碑能够在经济社会中形成指数化的传递效应，社会声望的形成也正是基于良好的口碑基础上演化而来。这类社会资本尽管在形式上属于虚拟资本，但却和文书或凭证类似，都能够发挥一定功效。

社会惩罚机制之所以能够有效地发挥防范、控制和化解民间借贷风险的作用，原因在于民间借贷拥有重复性或关联性借贷的特征。在民间借贷市场中，出借人在最初往往是根据借款人的既有社会声誉情况对借款人进行筛选和甄别，并据此判断是否提供借款以及是否要求借款人提供相应的担保或抵押物。以担保借贷为例，Besanko 和 Thakor（1987）认为，担保在民间借贷市场中可以发挥重要作用。民间借贷机构通过设计带有相关利率和担保要求逆向变化的信贷合约，就能够较为准确地甄别出借款人的风险偏好类型和履约可能性，其中的关键就在于利用社会惩罚机制，即社会担保或社会同侪监督。同时，Besanko 和 Thakor（1987）也证明了第三方担保对提高借款人福利具有显著影响。Chan 和 Kanatas（1985）则指出，在民间借贷市场上，当借贷双方之间所拥有的信息呈现不对称时，担保就能够有效提高出借人对其预期收益的评估能力。此外，当借贷双方由于信息掌握的差异对借贷行为产生不同评价并影响到双方借贷合约的订立时，担保也能够就合约的形成发挥重要作用。因此，建立于社会资本基础上的担保可以有助于降低信息不对称引起的逆向选择和道德风险，进一步有效降低民间借贷风险。

进一步来看，在民间借贷市场中，借款人与出借人之间也并非只是纯粹的资金借贷关系。在借贷双方订立资金借贷合约并实现资金借贷行为时，借贷双方其实质上更是在交换相互之间所拥有的社会资本，如个人社会声誉、亲缘和血缘、地缘和业缘等关系。众所周知，在地理范围狭窄的生活社区或社交圈中，上述社会资本对于社会个体正常生活和交往具有重要支撑作用，缺失上述社会资本的社会个体将难以继续在社区中立足和在社交中取信于人。因此，将此类社会资本隐附于民间借贷的行为中，能够发挥通过扩大化的惩罚和威胁警示来避免借款人可能发生的违约行为，进而降低民间借贷风险。

综上所述，社会惩罚机制作用于民间借贷市场中，能够通过对借款人的故意违约行为进行社区和社交圈中的社会惩罚来增强借款人的违约成本，实现有效约束和减少违约行为，降低民间借贷风险。此外，基于传统生活社区和社交圈的社会资本剥夺处罚，也能够有效降低违约行为的发生概率和信用风险，并实现民间借贷市场整体风险的降低。可以说，社会资本的柔性约束机制能够在一定程度上替代强制性的司法举措，有效促进民间借贷市场上借贷双方履约率的提高，进而提升民间借贷市场的运行效率和减少民间借贷风险。

3.2 间接影响机理

3.2.1 收入机制

与自然资本、人力资本等资本类型不同，无形性和嵌入性是社会资本的最大特征，且社会资本也能够对社会个体的经济收入和经济社会行为产生一定影响。边燕杰（2004）发现，社会网络规模、信任、互惠、参与、共享等不同社会资本维度均能够对居民收入产生一定影响；社会资本雄厚的居民在收入水平上能够获得补偿。王燕（2007）认为，社会资本的收入机制使其对于社会成员经济收入的增加具有显著的正向影响，提出结构型社会资本的各不同构成要素对社会个体收入的增加均具有显著的促进作用；但在认知型社会资本中，只有信任和互惠才能够对社会成员的收入产生较为显著的促进作用。

Bowles 和 Gintis（2004）指出，社会资本收入机制作用的发挥主要体现在经济行为过程中的资源配置和形成非正式制度方面。社会资本经常充当着资源配置中的非市场角色，并能够有效地弥补市场缺陷，从而提高人们的经济福利和促进经济社会发展。由于我国民间借贷市场的市场化、规范化、法制化尚不够健全，因此，尽管市场机制已经对借贷双方之间资金的供需配置起到主要作用，但社会资本作为非市场化机制，同样可以通过发挥收入机制的作用来有效地增强市场交易效率和化解潜在风险。以标会或互助会为例，由于民间借贷市场仍然处于“贷方市场”，借方的议价能力较低，出于提高自身履约保障能力的一种方式，从借款人角度，通过发起标会或组织互助会，在一定的范围内将资金组织起来，有利于增强借款人的借款可得性，最终实现借款人经济收入的增加。当民间借贷中的这种信任能够被正确运用的时候，就能促进更大范围的高效合作；而良好的合作行为又会推进信任程度的增加。这种信任与合作间的良性循环机制具有重要的意义，对于提高借方收入具有正向影响，从而提高借方的履约能力。而从出借人的角度来看，基于社会资本所组建的标会或互助会借贷可以显著增加借款人故意违约的惩罚成本，有效降低民间借贷风险。

此外，Granovetter（1973）提出，强关系对于社会个体寻求社会支持有较强帮助，而弱关系则对于社会个体找工作更加有用。Coleman（1988）则论证了封闭性社会网络是创造和积累社会资本的必要条件，同时这种封闭性的社会网络结构也有助于提高人们的经济收入水平。社会个体在社会关系网络中交往越频繁，就越容易产生互信，基于广泛产生的互信，不同社会个体之间可以实现促进合作并产生重复交易，进而实现经济效益的增加。而且，由于社会关系网络具有一定的密闭性特征，其会自动排斥不诚信者和“背叛者”，从而增加社会成员欺诈的潜在成本，并约束社会成员在经济活动中的投机行为。在民间借贷市场上同样如此，收入机制的发挥是信任、网络、规范等社会个体的无形社会资本实现经济层面的外化，并直接表现为民间借贷过程中借款程序简便、担保物减免等，实现借贷双方经济效益的增加；此外，也能够通过激励社会成员出于保有和追求更多的经济收入而遵守既定规范，按时履行借贷合约，从而实现整体借贷风险降低。

综上所述，社会资本的收入机制作用于民间借贷市场中，通过对借贷双方的收入产生正向影响来增强民间借贷市场的运行效率，提高借款人遵循合约按时还款的能力，并能够以此来增加借款人故意违约的成本，有利于减少民间借贷市场风险。

3.2.2 社会关系机制

社会关系也被称为社交关系、社会性关系。社会关系机制指的是社会资本同样可以被看作是社会关系的一种特殊表现形式，或是社会关系资源的外化和实质化，既是社会关系中的结构位置，也是一种社会资源价值大小的体现，其特殊性在于仅依附于社会关系而存在且能够进行流动和转移。边燕杰（2004）提出，社会资本的存在形式是社会成员间的关系，本质是这种关系所蕴含的、在社会成员之间可转换的资源，且任何社会成员都无法单方面拥有这种资源，必须通过社会关系的发展、积累和运用来实现这种资源的效益化。

在民间借贷市场中，出借人和借款人之间通过借贷关系所建立的往往不是一个简单的关系网络，而是多种关系网络相互重叠和相互叠加的混合存在形式，除最基本的金融借贷关系外，其还包含着信任、亲缘、地缘和业缘等。Granovetter（1985）提出嵌入性理论，指出正是由于这种混合存在的社会关系形式的特性，才导致社会关系中存在着嵌入性。人与人之间发生与工作相关的交易行为并不会局限于工作领域，其会嵌入于社会关系网络中。因此，在民间借贷市场中，考虑到社会资本关系机制作用的发挥，借款人和出借人不是在完全自由竞争的背景下

对潜在交易对象进行筛选和收集，而是更愿意选择与自己存在信任、友谊、血缘或地缘关系的对象来进行金融借贷交易，以此来降低可能存在的风险。

从民间借贷的发展历程来看，其依托的并不仅仅是资金贷出者和资金需求者之间相互匹配的借贷需求，还依赖于民间社区和社会生活中广泛存在的社会关系网络。资金需求者通过自身的社会关系网络能够获得无形的“借贷背书”，这能够有效提高出借人对其的信任程度，从而帮助借款人更容易获得借款或更为优惠的借款；同样，在获取“借贷背书”后，借款人的还款激励同样也会得到提升，故意违约成本也明显增加，违约率将会下降，出借人所承受的借贷风险也同样得到降低。可以说，在民间借贷市场中，通过社会资本的关系机制，可以有效降低借贷交易行为中的信息不对称情况，拥有更强的社会网络关系的借款人更容易以较低的借款利率获得所需借款；而且如果能够在社交关系圈中拥有社会声誉较高或民间借贷记录良好的亲戚朋友，借款人的借款可得性同样也会得到明显提高。

基于社会资本的关系机制，民间借贷市场上的出借人可以通过对借款人的社交关系、过往民间借贷情况等信息进行针对性分析，以此来构建起对借款人的信任、声誉、还款能力等识别评价。在此过程中，不同借款人所拥有的不同社会关系网络形态、规模、密度等，不仅直接反映出该借款人社会资本的大小，而且会间接影响到出借人对其的评价，并最终成为决定其是否能够获得借款的重要因素。同时，关系亲疏程度可以用来衡量借贷违约的代价大小，当借贷双方关系亲密时，借款人一旦故意违约，会遭遇家族、宗族甚至整个社区的严厉排斥，所要付出的社会成本非常高，以致无法在当地立足。可以说，关系机制作用的发挥能够帮助出借人更有针对性地甄别借款人，使社会关系网络成为民间借贷市场中出借人对借款人信任机制评价的重要部分，社会关系网络的状况对出借人评价借款人的可信任程度具有一定影响，并决定着借款人能否通过个人信誉来获取借款，进而提高借贷效率和规避借贷风险。

综上所述，社会资本影响民间借贷风险的间接机理之一是通过社会关系机制作用于民间借贷，关系亲密程度不仅成为出借人对借款人信任评价和甄别筛选机制的重要组成部分，而且成为约束违约发生的一道防线，有利于提高民间借贷市场的运行效率和减少民间借贷风险。

3.3 小结

作为社会资本与民间借贷风险融合研究的尝试，本章通过社会资本的信息机制、信任机制和社会惩罚机制来探讨社会资本影响民间借贷风险的直接机理，通过收入机制和社会关系机制来探讨社会资本影响民间借贷风险的间接机理。

本书发现，社会资本有助于经济资源（投资建议、市场保护等）的获得及使借款人通过交流而增加其自身的还款能力，并且社会网络所形成的社会准则、群体压力将促进借款人按期还款。例如，当借款人在民间借贷还款时，由于社会网络中成员交流形成的共同准则累积形成社会共知，使社会网络成员认为如果借款人不按时还款，其在群体中的声誉、相互信任将会受到损害，这样的群体压力使借款人更倾向于按期还款。由此可见，社会资本能够通过借贷双方社会关系网络的信息机制来降低出借人与借款人之间存在的信息不对称程度，实现降低交易成本和借贷风险，提高民间借贷市场运行效率；信任机制能够维持和提高民间借贷市场中借贷双方的互信程度，影响交易意愿的产生，解决民间借贷市场中长期存在的逆向选择和道德风险问题；社会惩罚机制能够通过传统道德礼俗或地域性社会资本为载体，以柔性约束的方式通过对社会资本的剥夺处罚来有效降低民间借贷市场故意违约行为的发生概率和信用风险。此外，由于社会资本的两面性，强关系社会网络因存在信息冗余，可能会影响民间借贷风险。如借贷双方过于亲密的关系使借贷双方社会网络中存在信息冗余，使借贷过程受到其他因素（亲情、友情）的干扰，进而增大民间借贷风险。

此外，收入机制能够有效外化社会个体的无形社会资本来实现借款程序简化和提高借款效率，同时也可以激励社会成员出于保有和追求更多的经济收入而遵守既定规范，按时履行借贷合约，从而实现民间借贷风险的降低；社会关系机制则能够通过社会关系或经济关系相互重叠的嵌入性特征，实现多种社会资本作用的发挥，使借贷双方更有针对性地实现信息交换、真实评价和筛选甄别，成为约束借贷违约的一道防线，进而实现借贷效率提高和风险降低。相对于社会网络的数量，社会网络的质量更为重要，有效社会网络对民间借贷风险的影响通常通过收入路径、信贷路径和风险管理路径，更多的是通过影响借款人的还款能力来实

现的，而社会规范与信任则主要是通过约束和激励功能影响借款人的还款意愿来实现减少民间借贷风险的目的。

根据上述分析，本章进一步将社会资本对民间借贷风险的影响机制进行梳理（见图3－1），并概括为以下两方面：

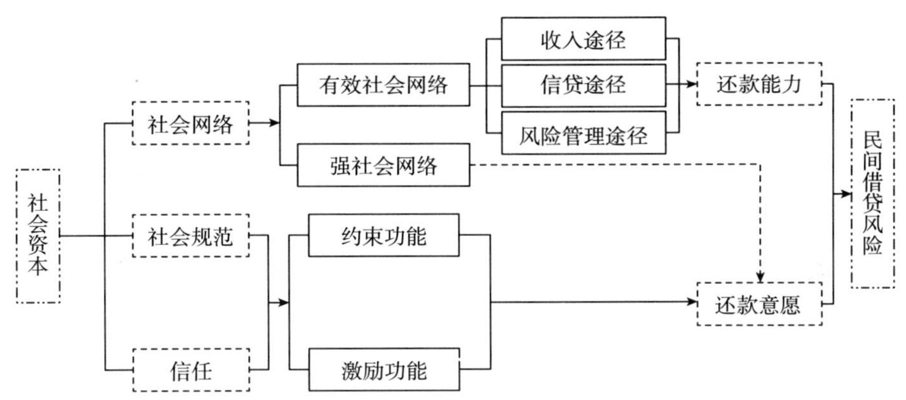

图3－1 社会资本影响民间借贷风险机制

第一，社会网络对民间借贷风险的影响。相对于社会网络的数量，社会网络的质量更为重要，有效社会网络才能真正发挥社会网络的作用。有效社会网络对民间借贷风险的影响通常有以下三个路径：一是收入路径。有效社会网络通过促进就业、为借款人提供工具性支持（如免费劳动力）等来提高借款人的收入水平，从而提升其还款能力，进而减少民间借贷风险。二是信贷路径。有效社会网络通过缓解借贷双方信息不对称来提高借款人正规借贷或民间借贷可得性，这有利于缓解借款人的资金约束，为其生产生活提供资金支持，并且能通过“借新账还旧账”的方式提高民间借贷还款能力，最终减少民间借贷风险。三是风险管理路径。有效社会网络能够通过事前风险防控，如在生产经营活动中利用成员筛选、群体压力及有效监督机制等方式来形成有效的监督机制，实现道德风险防范，减少机会主义行为，进而减少发生损失的可能。在事后风险管控中，社会网络具有分担风险、平滑消费的作用，有助于提高借款人的风险承受力。通过事前与事后的风险管理，有效的社会网络能够在一定程度上保证借款人的还款能力，减少民间借贷风险的发生。需要指出的是，在民间借贷中，社会网络并不总是有益的。当借贷双方关系过于亲密时，由于双方个体行为自主性降低，使借贷过程更容易受到非经济因素（亲情、友情等）的干扰，导致借贷违约风险增加。

第二，社会规范与信任对民间借贷风险的影响。如果说社会网络对民间借贷风险的影响更多的是通过影响借款人的还款能力来实现的，那社会规范与信任则主要是通过影响借款人的还款意愿来实现减少民间借贷风险的目的。具体可以归纳为约束与激励两项功能：一是约束功能。从社会规范维度看，当社会规范形成时，借贷双方同时受到外界期望、群体压力及违反社会规范所带来的社会惩罚等因素的制约，这会督促其自觉行使权利和履行义务，进而有助于规范民间借贷行为，提升借款人还款意愿，减少借贷风险。从信任维度看，当交易双方具有良好的信任水平时，成员之间将彼此依赖、相互合作，凭借双方的诚信和认可的合理行为进行交易。当借贷双方相互信任时，借款人会选择通过提高还款意愿来维持这一信任关系，有助于降低道德风险和交易成本。二是激励功能。社会规范能够激励成员放弃个人私利而服从集体利益。出于维护已建立的社会规范这一目的，借款人更具有按期还款意愿，有助于降低民间借贷风险。就信任而言，借贷双方彼此间的互信是建立于声誉机制之上的，每一次良好的交易记录都将有助于提高声誉的价值。一旦借款人选择违约，很可能消耗其之前所积累的声誉价值，故信任有助于激励借款人履约还款，进而降低民间借贷风险。

实际上，社会资本各维度之间存在着千丝万缕的联系，不同维度的社会资本之间往往具有相互促进、相互强化的效果。考虑到本章的研究重点不在于探讨社会资本各维度之间的联系，为此仅针对社会资本各维度的主要特征进行讨论，以实现厘清不同维度的社会资本与民间借贷风险之间的联系。

第 4 章　社会资本影响民间借贷风险的实证分析

——基于 CHFS 数据的经验证据

中国是一个关系型社会，非经济因素特别是社会资本对于民间借贷的风险具有重要的影响。从已有的研究上看，社会资本对于提高家庭收入、增加个人就业机会、缓解信贷约束问题等方面有显著影响。家庭社会资本的多少、类型，极有可能影响民间借贷风险。因此，研究社会资本与民间借贷风险的关系并揭示其内在规律具有重要的意义。本章研究的核心问题为：①总体上看，不同维度的社会资本是否影响我国民间借贷风险？在何种程度上影响民间借贷风险？其中，社会网络有效性是否比社会网络广度更具重要性？强社会网络是否具有负效应？社会规范与信任在防范民间借贷风险过程中是否能发挥其激励与约束功能？②从不同借贷用途的差异上看，生产性民间借贷相比生活性借贷，其社会网络的作用是否出现弱化？社会规范与信任的激励与约束功能对生产性借贷的影响是否更为显著？本章希望通过验证上述问题来厘清社会资本影响民间借贷风险的机理，丰富相关理论研究成果，为同类研究提供借鉴，也为政府制定相关政策提供依据。

4.1　变量选择与模型构建

4.1.1　变量选择与描述性统计

本章在前人的基础上总结经验，结合中国实际，从社会网络、社会规范、信任三个维度研究其对民间借贷风险的影响。各变量具体设定如下。

4.1.1.1 因变量

鉴于以往多数研究未能对微观层面的民间借贷风险进行明确定义，本章借鉴刘成玉对银行信贷风险的定义“信贷风险为借款人在其借款到期时未能按期归还本息或者贷款逾期未还而造成金融机构收益变动的可能性”，将民间借贷风险界定为：借款人未能按期履行还款义务导致的可能引发出借方本息受损的风险（刘成玉等，2011）。结合 CHFS 数据库中现有数据，选取受访者家庭最大一笔民间借款是否按期还款作为因变量。

4.1.1.2 社会网络

社会网络是社会资本研究的重要着力点。针对社会网络广度的度量，有学者选取亲戚个数、合得来的朋友数量等测度网络的规模（童馨乐等，2011；吴本健等，2014；Yuan 和 Xu，2015）。类似地，本章选用“同城亲戚个数”度量社会网络广度。针对社会网络有效性比社会网络广度更为重要这一观点（Bourdieu 和 Coleman，1991；胡枫和陈玉宇，2012；刘林平，2006），考虑到以往选用礼金作为度量指标存在一定程度的代表性不足等问题（杨汝岱等，2011；章元和陆铭，2009），本章选用代表性更强的“年社交投资总额”来度量有效社会网络规模的大小。此外，学者还针对社会网络强弱的异质性影响进行了讨论（周孟亮和蒋文华，2014；Burt，1993），指出民间借贷容易受到非经济因素（亲情、友情等）的干扰。因此，本章选用“家庭最大一笔借款来源”来考察社会网络强弱对民间借贷风险的影响。

4.1.1.3 社会规范

社会规范是调整人际间社会关系的行为规范，更多地体现于群体间的共识，包括人际道德、群体认知、相互监督、义务与期待等，是多数社会成员一致遵守的非正式行为准则（李爱喜，2014；Burt，1993；Coleman，1990）。针对道德水平的度量，本章选用受访者本人及其配偶“年拜访父母次数”作为度量指标。一年中拜访父母的次数可以在一定程度上反映借款人个人品德水平。针对群体认知及义务与期待，考虑其在现实中难以确切度量，本章借鉴以往学者的相关经验（童馨乐等，2011；陈雨露等，2009），选用具有身份特质的度量指标来探究其对民间借贷风险的影响，分别为“金融知识”“家庭党员比例”。其中，“家庭党员比例”是一项衡量政治身份的重要指标，拥有党员身份意味着受到更高道德水平的约束，需要承担更多的义务与期待，但也享有较高的声誉水平，是社会规范中衡量群体认知、相互监督、义务与期待的合适指标。另外，“金融知识”这一度

量指标反映受访者遵守金融纪律、履行还款意识的程度，用以探究金融认知度高低对民间借贷还款的影响。

4.1.1.4　信任

信任是对某一个体能力、主观意志和可靠性的信心，是交易或交换关系的基础。Fukuyama 指出高信任水平的关系总体上可以促进社会交换及合作交流（Fukuyama，1995）；而合作交流又可以增进群体信任。因此，信任也可由过往活动所累积的经验逐步建立，其关乎过往声誉，又对未来活动产生影响。本章借鉴以往学者的分类（蒋永穆和纪志耿，2006），从与正规金融机构之间的信任和与熟人之间的信任两个层面来对信任进行度量。选用“能否从银行获得贷款”度量与正规金融机构之间的信任。家庭成员能否从正规金融机构获得贷款，在较大程度上取决于历史交易记录及声誉，可以反映正规金融机构对家庭成员的信任水平。与熟人之间的信任主要建立在人际交往与合作基础上，是基于人际关系的信任和声誉的重要体现，选用“民间借贷是否获得他人担保”度量与熟人之间的信任。

4.1.1.5　控制变量

本章借鉴以往研究（林建浩等，2016；吴本健等，2014），设置以家庭为单位的人口统计学变量，包括“家庭劳动力比率”“家庭成员平均年龄”“家庭成员平均年龄的平方”“家庭成员中高中及以上学历比率”“家庭中未还贷款数额”“家庭年总收入”“家庭总资产”等可能影响民间借贷风险的相关变量。此外，为揭示社会资本对生产性、生活性民间借贷风险的不同影响，本章还选取了“民间借贷用途”这一虚拟变量。具体变量设定情况及描述统计见表 4－1。

表 4－1　主要变量定义及描述性统计

	变量	含义	设定说明	最小值	最大值	均值	标准差
因变量	Risk	民间借贷风险	1 = 按期还款，2 = 还未开始还款，3 = 未按期还款	1	3	1.5608	0.7113
社会网络	LRelatives	同城亲戚个数	受访者家庭居住在同一个村庄或城市的有血缘的亲戚个数（包括父母、子女）1 = 没有，2 = 1 ~ 3 个，3 = 4 ~ 6 个，4 = 6 个以上	1	4	2.7810	1.1211

续表

	变量	含义	设定说明	最小值	最大值	均值	标准差
社会网络	Ln_ TSSpen	Ln（年社交投资总额）	家庭年度社交投资的总额，包括节日礼金支出、婚丧嫁娶、教育、医疗、生活费等社交支出	0	12.78	8.4487	1.2580
	SBorrow	家庭最大一笔借款来源	1 = 从父母、岳父母、兄弟姐妹、亲戚、以往的合作伙伴借款，0 = 其他借款来源	0	1	0.8992	0.3012
社会规范	ParenVisit	年拜访父母次数	受访者本人及其配偶年拜访父母次数的总和	0	999	130.1839	126.7813
	FinanEdu	金融知识	1 = 受访者本人接受过金融方面的培训或上过相关课程，0 = 否	0	1	0.0693	0.2540
	CCPRatio	家庭党员比例（%）	家庭中受访者本人、父母、岳父母及配偶中党员人数/近亲人数和	0	66.67	3.5854	7.9662
信任	AFCredit	能否从银行获得贷款	1 = 家庭成员能获得银行贷款，0 = 家庭成员不能获得银行贷款	0	1	0.2079	0.4060
	Guaran	民间借贷是否获得他人担保	1 = 民间借贷获得他人担保，0 = 否	0	1	0.1170	0.3216
控制变量	PICredit	民间借贷用途	1 = 生产性用途，0 = 生活性用途	0	1	0.4626	0.4988
	PLabors	家庭劳动力比率（%）	家庭劳动力人数/家庭规模	0	100	71.7040	27.2016
	AverAge	家庭成员平均年龄	家庭成员平均年龄	13.36	84.50	38.0902	12.1316
	AverAgeSqu	家庭成员平均年龄的平方	家庭成员平均年龄的平方	178.89	7140.25	1597.9050	1092.1400
	SBEdu	家庭成员中高中及以上学历比率（%）	家庭成员中学历为高中及以上的人数/家庭规模	0	100	35.2444	35.7650

续表

	变量	含义	设定说明	最小值	最大值	均值	标准差
控制变量	Ln_ RLoan	Ln（家庭中未还贷款数额）	包括家庭中所有民间借贷及正规借贷的未还欠款的对数形式	0	19.25	6.0233	5.2683
	Ln_ Income	Ln（家庭年总收入）	家庭年总收入的对数形式	0	15.22	10.1939	2.1795
	Ln_ TAsset	Ln（家庭总资产）	家庭总资产价值的对数形式。总资产包括固定生产性资产，农产品价值，现金，存款，金融资产，汽车，房产及其他耐用品的价值	5.25	16.66	12.2337	1.7163

4.1.2 实证模型构建

本章以 2013 年 CHFS 调查数据为基础，研究社会资本对民间借贷风险的影响。因此，民间借贷风险为本章的因变量，不同维度的社会资本则为本章的核心变量。基础模型形式如下：

$$Risk_i = \alpha_0 + \alpha_1 NETWORK_i + \beta NORM_i + \gamma TRUST_i + \lambda X_i + \delta P_{AIM_i} + FE_l + \mu_i \tag{4-1}$$

在式（4－1）中，$Risk_i$为民间借贷风险，表示家庭 i 在民间借贷到期时是否按期还款。当借款人选择按期还款时，Risk＝1，即不存在风险；当借款人还未开始还款时，Risk＝2，因为到期时借款人可能按期还款，也可能不按期还款，即存在按期还款的不确定性，其风险介于按期还款与未按期还款之间；当借款人未按期还款时，风险达到最大，Risk＝3。可见，因变量之间存在内在次序，民间借贷风险依次增大。因此，采用 Ordered Probit 模型进行分析较为合理。此外，$NETWORK_i$表示家庭 i 社会网络维度特征变量；$NORM_i$表示家庭 i 社会规范维度特征变量；$TRUST_i$表示家庭 i 信任维度特征变量；X_i为可被观测的受访者①个人及其家庭的特征；P_{AIM_i}表示家庭 i 最大一笔民间借贷的用途；考虑到我国东中西部经济发展不平衡，FE_l表示区域固定效应，用以消除有可能存在未观察到区域特征对模型结果的影响；μ_i为误差项，用以衡量影响家庭最大一笔民间借贷是否按期还款的不可观测个体因素；α、β、γ、λ、δ 为待估参数。

① 西南财经大学家庭金融调查中，将最了解家庭中资金、财务状况的成年家庭成员作为受访者。

4.2 实证结果分析

4.2.1 基础模型结果

表4－2是采用 Ordered Probit 模型估计的回归结果。由结果（1）可知，“能否从银行获得贷款”“金融知识”对民间借贷风险有负向影响；“家庭最大一笔借款来源”对民间借贷风险有正向影响；其他社会资本变量的统计结果不显著。考虑到部分核心变量受内生性影响会导致估计结果失真，故应进一步讨论。

表4－2 社会资本与民间借贷风险模型回归结果

	Variables	Oprobit	Ivoprobit	
		(1)	(2)	Odds Ratio[①]
社会网络	LRelatives	0.0488 (0.0518)	0.0334 (0.0512)	1.0339 (0.0530)
	Ln_ TSSpen	-0.0328 (0.0425)	-0.4800*** (0.0630)	0.6188*** (0.0390)
	SBorrow	0.3758*** (0.1016)	0.3230*** (0.1049)	1.3813*** (0.1449)
社会规范	ParenVisit	-0.0004 (0.0003)	-0.0004 (0.0004)	0.9996 (0.0004)
	FinanEdu	-0.4231** (0.1928)	-0.3477* (0.1800)	0.7063* (0.1271)
	CCPRatio	-0.0007 (0.0083)	0.0008 (0.0046)	1.0008 (0.0046)
信任	AFCredit	-0.2962*** (0.0846)	-0.2618*** (0.0951)	0.7697*** (0.0732)
	Guaran	-0.1683 (0.1120)	-0.1023 (0.1526)	0.9027 (0.1377)

① Odds ratio 值以1为界限，当其大于1时，表明该自变量对因变量所描述的事件发生概率有正向作用；当其小于1时，则表明该自变量对因变量所述的事件发生概率有负向作用。

续表

	Variables	Oprobit (1)	Ivoprobit (2)	Odds Ratio
控制变量	PICredit	0. 1483 (0. 0961)	0. 1510 ** (0. 0695)	1. 1630 ** (0. 0808)
	PLabors	0. 0004 (0. 0008)	0. 0001 (0. 0021)	1. 0001 (0. 0021)
	AverAge	0. 0147 (0. 0170)	0. 0075 (0. 0287)	1. 0075 (0. 0289)
	AverAgeSqu	-0. 0002 (0. 0002)	-0. 0001 (0. 0003)	0. 9999 (0. 0003)
	SBEdu	-0. 0016 * (0. 0009)	-0. 0005 (0. 0011)	0. 9995 (0. 0011)
	Ln_ RLoan	0. 1237 *** (0. 0097)	0. 1126 *** (0. 0114)	1. 1192 *** (0. 0127)
	Ln_ Income	-0. 0542 *** (0. 0078)	-0. 0274 * (0. 0163)	0. 9729 * (0. 0158)
	Ln_ TAsset	-0. 1204 *** (0. 0213)	-0. 0519 *** (0. 0060)	0. 9494 *** (0. 0057)
Communication Expenditure			0. 0001 *** (0. 0000)	0. 0001 *** (0. 0000)
Mandarin Level			0. 0484 ** (0. 0192)	0. 0484 ** (0. 0192)
Lnsig_ 2			0. 1838 *** (0. 0192)	0. 1838 *** (0. 0192)
Atanhrho_ 12			0. 0262 *** (0. 0805)	0. 0262 *** (0. 0805)
地域固定效应		是	是	是
Prob > χ^2 (3)		0. 0633	0. 0000	0. 0000
Pseudo R^2		0. 1465		
样本量		1109	1109	1109

注：①*、**、*** 分别代表 10%、5%、1% 的显著水平；②每列括号中的数字为固定于地域水平的稳健标准误（Robusted Std. Err.）；③为节省篇幅本表没有汇报 Ordered Probit 估计的截断点的估计值和标准差及第一阶段估计结果。

4.2.2 社会资本的内生性问题

本章采用的社会资本变量共有八个，关于这些变量的内生性，应当结合变量的特点具体分析。

家庭成员与正规金融机构之间的信任、家庭成员与熟人之间的信任，很大程度上取决于家庭在金融市场上以往交易行为的长期表现，对家庭在面临民间借贷还款时选择是否按期还款可能具有影响。然而，当家庭做出是否按期还款这一选择时，并不会影响家庭过往在金融市场上积累的声誉，故“能否从银行获得贷款”“民间借贷是否获得他人担保”不存在内生性，在以往的文献中也未提及相关问题（童馨乐等，2011）。另外，“同城亲戚个数”“家庭党员比例”“年拜访父母次数”“家庭最大一笔借款来源”“金融知识”等也具有外生变量的特点，显然这些变量不受家庭是否按期还款的影响。

“年社交投资总额”在过去的一些研究中被认为具有内生性（杨汝岱等，2011）。“年社交投资总额”作为衡量家庭有效社会网络规模的变量，其数额体现了家庭有效社会网络规模大小。虽然家庭最大一笔借款是否按期还款同其不存在直接的因果关系，但考虑到家庭中不可观测的因素，如风俗习惯、行为偏好、收入水平等均可能同时影响家庭最大一笔民间借贷是否按期还款和家庭社会资本投资总额，这意味着可能存在因遗漏变量偏差而导致的内生性问题。

本章引入工具变量来克服模型中的内生性问题。借鉴林建浩等（2016）的思路，结合现有数据，选取以下两个工具变量：①家庭年通信费用。家庭年通信费用越多，表明家庭成员往来的人员越多，家庭有效社会网络可能越广，故其应当与“年社交投资总额”呈正相关；且“家庭年通信费用”与家庭最大一笔民间借贷是否按期还款没有必然的因果关系，符合工具变量外生的要求。②普通话水平。一方面，普通话水平的好坏，在一定程度上影响家庭社会网络的拓展，进而影响年社交投资总额大小，故其应当与“年社交投资总额”呈正相关；另一方面，“普通话水平”与家庭最大一笔民间借贷是否按期还款没有必然的因果关系，因此适合作为工具变量。

图 4 -1 为年社交投资总额与通信费用、普通话水平比例关系图。横轴表示年社交投资总额百分位数分布区间，左右两侧纵轴分别表示在年社交投资总额不同百分数区间内的家庭年通信费用均值和受访者中普通话水平为良好及以上的比例。由图 4 -1 可见，“普通话水平”“家庭年通信费用”与“年社交投资总额”

确实呈正相关。

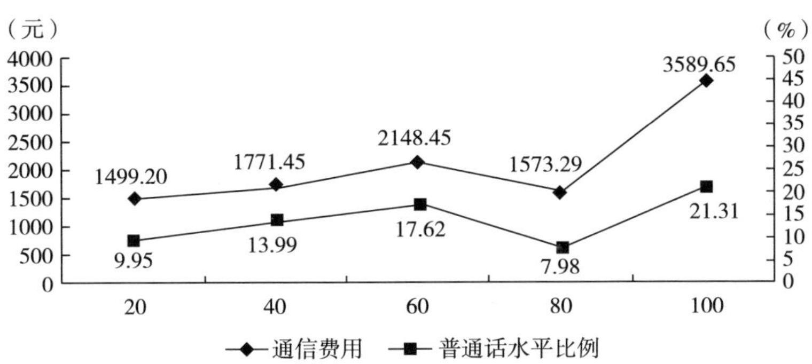

图4-1 年社交投资总额与通信费用、普通话水平比例关系

基于上述工具变量的集合，结合因变量为多元有序离散变量的特点，本章选用Roodman（2011）提出的条件混合过程（Conditional Mixed Process，CMP）联立释然方法进行两阶段回归［见表4-2中回归结果（2）］。估计结果表明，社交投资与家庭年通信费用、受访者普通话水平呈正相关，估计系数分别为0.0001和0.0484，且在1%和5%水平显著，表明工具变量与内生变量显著相关，结果与图4-1一致。在对"年社交投资总额"的外生性检验中，CMP估计的回归结果（2）中atanhrho_ 12[①] 在1%水平上显著为正，拒绝了其为外生变量的原假设，这表明Ordered Probit单方程估计存在较大偏误，二阶段回归结果更为一致有效。

在二阶段回归估计中控制了"年社交投资总额"的内生性后，相较于回归结果（1），回归结果（2）中"年社交投资总额"由原来的不具统计显著性变为1%水平显著，且系数显著增大，由原先-0.0328上升至-0.4800，说明家庭"年社交投资总额"同民间借贷风险存在显著负相关。另外，控制变量"民间借贷用途"对民间借贷风险影响的估计值得到了修正，由不显著性转为5%水平显著且呈正向影响。

4.2.3 边际贡献估计及整体结果分析

4.2.3.1 边际贡献估计

为分析在其他条件不变的情况下，各自变量变化对民间借贷风险的影响大

---

① Atanhrho为一阶段估计方程和二阶段估计方程的误差之间相关性的值，用于判断目标变量是否具有内生性。其原假设为（atanhrho=0）。当原假设被拒绝时，则表明目标变量具有内生性，使用条件混合过程（Conditional Mixed Process）进行估计将比原估计更为准确。

小，本章通过对控制内生性后的模型运用边际贡献估计的方法，估计自变量在取均值时对民间借贷还款的影响（Marginal Effects at the Means，MEMs）、自变量所有样本观察值对家庭民间借贷还款影响的边际贡献平均值（Average Marginal Effects，AMEs）、自变量在取特定值时对民间借贷还款的影响（Marginal Effects at Point，MEP）。若自变量与民间借贷风险呈正相关，则伴随该自变量取值增大，家庭在民间借贷还款时更倾向于选择不按期还款，此时在 Risk = 3 处的边际贡献率应当为正；若自变量与民间借贷风险呈负相关，则伴随该自变量取值增大，家庭在民间借贷还款时更倾向于选择按期还款，此时在 Risk = 3 处的边际贡献率应当为负。具体估计结果如下所示。

（1）自变量取均值对民间借贷风险概率的边际贡献及自变量平均边际贡献。

自变量取均值边际贡献（MEMs）是指自变量各值在取均值时对因变量的边际贡献；自变量平均边际贡献（AMEs）则是指自变量的所有样本对因变量边际贡献的平均影响（Bartus，2005）。考虑到 MEMs 在估计过程中可能出现虚拟变量数值在取均值时所得出的边际效用没有意义的情况（Bartus，2005）。因此，AMEs 的估计结果在分析和应用中更科学有效（Bartus，2005；Hill 等，2011）。为便于后文做进一步分析，本章同时提供 MEMs 及 AMEs 估计结果，见表 4 – 3。

表 4 – 3　自变量取均值对民间借贷风险概率的边际贡献及自变量平均边际贡献

	Variables	自变量取均值时的边际贡献			自变量的平均边际贡献		
		Pr（y = 1）	Pr（y = 2）	Pr（y = 3）	Pr（y = 1）	Pr（y = 2）	Pr（y = 3）
社会网络	LRelatives	−1.2996 (0.0201)	0.0062 (0.0095)	0.6800 (0.0107)	−1.0138 (0.0156)	0.3348 (0.0050)	0.6790 (0.0106)
	Ln_ TSSpen	18.6791*** (0.0232)	−8.9062*** (0.0042)	−9.7729*** (0.0226)	14.5713*** (0.0172)	−4.8121*** (0.0039)	−9.7592*** (0.0169)
	SBorrow	−12.5708*** (0.0416)	5.9937** (0.0267)	6.5771*** (0.0155)	−9.8063*** (0.0331)	3.2385** (0.0147)	6.5678*** (0.0188)
社会规范	ParenVisit	0.0158 (0.0001)	−0.0075 (0.0001)	−0.0083 (0.0001)	0.0123 (0.0001)	−0.0041 (0.0000)	−0.0082 (0.0001)
	FinanEdu	13.5323* (0.0715)	−6.4522 (0.0401)	−7.0801** (0.0323)	10.5564* (0.0560)	−3.4862 (0.0215)	−7.0702** (0.0350)
	CCPRatio	−0.0315 (0.0018)	0.0150 (0.0009)	0.0165 (0.0009)	−0.0246 (0.0014)	0.0081 (0.0005)	0.0165 (0.0009)

续表

	Variables	自变量取均值时的边际贡献			自变量的平均边际贡献		
		Pr（y=1）	Pr（y=2）	Pr（y=3）	Pr（y=1）	Pr（y=2）	Pr（y=3）
信任	AFCredit	10.1892*** (−0.0365)	−4.8582** (0.0231)	−5.3310*** (0.0136)	7.9485*** (0.0295)	−2.6250** (0.0131)	−5.3236*** (0.0164)
	Guaran	3.9832 (0.0592)	−0.0190 (0.0305)	−2.0840 (0.0287)	3.1072 (0.0466)	−1.0262 (0.0167)	−2.0811 (0.0299)
控制变量	PICredit	−5.8780** (0.0268)	2.8026*** (0.0095)	3.0784* (0.0174)	−4.5854** (0.0205)	1.5143*** (0.0050)	3.0711** (0.0156)
	PLabors	−0.0040 (0.0008)	0.0019 (0.0004)	0.0021 (0.0004)	−0.0031 (0.0006)	0.0010 (0.0002)	0.0021 (0.0004)
	AverAge	−0.2904 (0.0112)	0.1385 (0.0055)	0.1519 (0.0057)	−0.2265 (0.0087)	0.0748 (0.0030)	0.1517 (0.0058)
	AverAgeSqu	0.0033 (0.0001)	−0.0016 (0.0001)	−0.0017 (0.0001)	0.0026 (0.0001)	−0.0008 (0.0000)	−0.0017 (0.0001)
	SBEdu	0.0187 (0.0004)	−0.0089 (0.0002)	−0.0098 (0.0002)	0.0146 (0.0003)	−0.0048 (0.0001)	−0.0098 (0.0002)
	Ln_ RLoan	−4.3838*** (0.0047)	2.0902*** (0.0047)	2.2936*** (0.0011)	−3.4198*** (0.0039)	1.1294*** (0.0027)	2.2904*** (0.0015)
	Ln_ Income	1.0673* (0.0065)	−0.5089 (0.0034)	−0.5584* (0.0032)	0.8326* (0.0050)	−0.2750 (0.0018)	−0.5577* (0.0033)
	Ln_ TAsset	2.0195*** (0.0023)	−0.9629*** (0.0001)	−1.0566*** (0.0024)	1.5754*** (0.0016)	−0.5203*** (0.0002)	−1.0551*** (0.0017)

注：①*、**、***分别代表10%、5%、1%的显著水平；②每列括号中的数字为以 Delta 方法计算的标准误；③边际贡献率的值为百分数。

（2）自变量取特定值与民间借贷风险概率的边际贡献。

相较于 MEMs 与 AMEs，自变量取特定值对民间借贷还款的边际贡献（MEP）能揭示自变量在某一取值下对于民间借贷风险的影响，具体估计结果如表4－4所示。自变量对因变量取各序次类别概率的边际贡献通过求因变量取各序次类别的概率对自变量偏导数得到（杨婷怡、罗剑朝，2014），具体可表示如下：

$$\frac{\partial Pr(y=j)}{\partial x}=\frac{\partial F(\hat{\tau}_j-\bar{x}\hat{\beta})}{\partial x_k}-\frac{\partial F(\hat{\tau}_{j-1}-\bar{x}\hat{\beta})}{\partial x_k}=\hat{\beta}_k[f(\hat{\tau}_{j-1}-\bar{x}\hat{\beta})] \quad (4-2)$$

表 4-4 自变量取特定值与民间借贷风险概率的边际贡献

	Variables	取值类别	Pr（y=1）	Pr（y=2）	Pr（y=3）
社会网络	LRelatives	平均值	-0.8753 (0.0137)	0.4386 (0.0069)	0.4367 (0.0071)
	Ln_ TSSpen	平均值	12.5808*** (0.0333)	-6.3039*** (0.0025)	-6.2769* (0.0356)
	SBorrow	1	-8.4667*** (0.0173)	4.2425** (0.0207)	4.2243*** (0.0070)
社会规范	ParenVisit	平均值	0.0106 (0.0001)	-0.0053 (0.0000)	-0.0053 (0.0001)
	FinanEdu	1	9.1143** (0.0394)	-4.5670 (0.0306)	-4.5475*** (0.0148)
	CCPRatio	平均值	-0.0212 (0.0012)	0.0106 (0.0006)	0.0106 (0.0006)
信任	AFCredit	1	6.8627*** (0.0158)	-3.4387** (0.0172)	-3.4240*** (0.0068)
	Guaran	1	2.6828 (0.0362)	-1.3443 (0.0219)	-1.3385 (0.0145)
控制变量	PICredit	1	-3.9590* (0.0237)	1.9837*** (0.0059)	1.9752 (0.0178)
	PLabors	平均值	-0.0027 (0.0006)	0.0014 (0.0003)	0.0013 (0.0003)
	AverAge	平均值	-0.1956 (0.0072)	0.0980 (0.0039)	0.0976 (0.0033)
	AverAgeSqu	平均值	0.0022 (0.0001)	-0.0011 (0.0000)	-0.0011 (0.0000)
	SBEdu	平均值	0.0126 (0.0003)	-0.0063 (0.0001)	-0.0063 (0.0002)
	Ln_ RLoan	平均值	-2.9526*** (0.0018)	1.4795*** (0.0039)	1.4731*** (0.0051)
	Ln_ Income	平均值	0.7189* (0.0040)	-0.3602 (0.0026)	-0.3587* (0.0019)
	Ln_ TAsset	平均值	1.3602*** (0.0035)	-0.6816*** (0.0004)	-0.6786* (0.0038)

注：①*、**、***分别代表10%、5%、1%的显著水平；②每列括号中的数字为以 Delta 方法计算的标准误；③边际贡献率的值为百分数。

自变量取特定值 $\tilde{x}$ 对因变量取各次序类别概率的边际贡献可表示为：

$$\left.\frac{\partial E[y \mid x]}{\partial x}\right|_{x=\tilde{x}} = \left.\frac{\partial E[x\beta]}{\partial x}\right|_{x=\tilde{x}} = f(\tilde{x}\beta)\beta \tag{4-3}$$

4.2.3.2　整体结果分析

（1）社会网络。

本章通过“同城亲戚个数”“年社交投资总额”“家庭最大一笔借款来源”三个指标分别衡量社会网络的广度、有效性及强社会网络的负效应对民间借贷风险的影响。

其中，“同城亲戚个数”的估计系数较小且不具统计显著性，因此无法确认社会网络规模与民间借贷风险的关系。从表4-2中的估计结果（2）可知，“年社交投资总额”的估计系数在所有自变量中最大（-0.4800），且OR值为0.6188，在1%水平上对民间借贷风险有显著负向影响；从表4-3可知，“年社交投资总额”无论在MEMs或AMEs估计中对家庭最大一笔民间借贷按期还款均具有显著正向影响，其按期还款的概率分别增加18.6791%及14.5713%；同时其减小了家庭选择不按期还款的可能性，分别为-9.7729%及-9.7592%；考察“年社交投资总额”取特定值对民间借贷风险的边际贡献结果（见表4-4）可得，其增加了家庭在还款时选择按期还款的可能性（12.5808%），也减少了家庭选择不按期还款的可能性（6.2769%）。可见，扩大有效社会网络规模可以降低民间借贷风险。

从估计结果（2）可知“家庭最大一笔借款来源”的估计系数为0.3230，OR值为1.3813，在1%水平上对民间借贷风险有显著正向影响（见表4-2）；从表4-3、表4-4可知，以从非亲友及非关系密切朋友处借款作为参照，从亲友及关系密切朋友处借款的家庭在民间借贷到期时选择按期还款的可能性显著减小（MEMs、AMEs及MEP分别为-12.5708%、-9.8063%及-8.4667%），而选择不按期还款的可能性显著增加（MEMs、AMEs及MEP分别为6.5771%、6.5678%及4.2243%）。可能的原因是借贷双方的关系越紧密，当家庭在民间借贷到期不能按期还款时，出借方往往出于两者关系考虑，允许其不按期还款，这在一定程度上加剧了民间借贷风险。

通过对“同城亲戚个数”“年社交投资总额”及“家庭最大一笔借款来源”的估计，可以得出以下结论：家庭社会网络的广度并不一定影响家庭民间借贷风险，但家庭有效社会网络的扩大能有效降低民间借贷风险。这一结论也与Bourdieu 和 Coleman（1991）及刘林平等（2006）学者的结论类似，即在社会网络中，仅当社会网络可以被有效利用时，社会资本才是有价值的资源并能发挥作用。此外，社会网络并非都能降低民间借贷风险，强社会网络会导致借贷过程更容易受到非经济因素干扰。

（2）社会规范。

本章通过“年拜访父母次数”“家庭党员比例”“金融知识”三个指标衡量社会规范对民间借贷风险的影响。

“年拜访父母次数”估计所得系数较小且不具统计显著性，因此无法确认“年拜访父母次数”与民间借贷风险的关系。“家庭党员比例”作为衡量政治身份指标，其估计的系数在表4－2的基础模型估计结果（1）和控制内生性后的估计结果（2）中都不显著。可能的原因是，在多数情况下道德水平、行为规范和声誉机制可以对人的行为起到约束和激励作用，但当面临民间借贷还款抉择时，是否还款更多时候取决于一个家庭当时的经济情况，此时道德约束的作用力有限；也可能是由于相对于其他因素，道德水平和政治身份特征对民间借贷风险的影响并不明显，导致其估计结果不具统计显著性。

相对于其他社会规范变量，“金融知识”在10%水平上显著，估计系数为－0.3477，OR值为0.7063，故对民间借贷风险有负向影响；从表4－3、表4－4可知，以未接受过金融知识相关教育的家庭作为参照，接受过金融知识相关教育的家庭在面临还款时选择按期还款的概率显著增加（MEMs、AMEs及取特定值的边际贡献分别为13.5323%、10.5564%和9.1143%），而选择不按期还款的概率显著降低（MEMs，AMEs及MEP分别为－7.0801%、－7.0702%和－4.5474%）。由此可见，金融教育相比于其他社会规范变量，更有助于防范民间借贷风险发生。一般而言，接受过金融教育的家庭对金融知识较为了解，也对未按期还款可能产生的危害更为清楚，因而金融认知和行为规范的双重驱动可以激励其按期还款。

（3）信任。

本章通过“能否从银行获得贷款”“民间借贷是否获得他人担保”两个指标衡量信任对民间借贷风险的影响。

从表4－2的估计结果（2）可知，“能否从银行获得贷款”在1%水平上显著，估计系数为－0.2618，OR值为0.7697，表明正规金融机构特别是银行对家庭的信任显著降低了民间借贷风险；从表4－3来看，以不能从银行获得贷款的

家庭作为参照，能从银行获得贷款的家庭选择在最大一笔民间借贷到期时按期还款的概率在 MEMs 和 AMEs 的估计结果中分别显著增加了 10.1892% 和 7.9485%；从表 4-4 来看，能从银行获得贷款的家庭在民间借贷到期时选择按期还款的概率增加了 6.8627%。表 4-2、表 4-3、表 4-4 的结果均表明，与正规金融机构建立较好信任关系的家庭在民间借贷还款时倾向于按期还款，违约风险较小。而在家庭与他人之间的信任对民间借贷风险影响的估计中，该变量不具统计显著性，因此无法确定家庭与他人之间的信任对民间借贷风险的影响。

家庭与正规金融机构之间的信任促使家庭在民间借贷到期时倾向选择按期还款，其原因可能是家庭与正规金融机构之间的信任是建立在过往的交易记录及声誉累积的基础之上，能够取得这份信任的家庭往往拥有较强的经济实力和良好的借贷习惯，履约意识强；即使是借贷范围从正规借贷延伸至民间借贷时，履约意识仍然不易改变。但在估计家庭与他人之间的信任与民间借贷风险之间的关系时，估计结果不具统计显著性，原因可能是我国多数民间借贷均无担保人。从样本数据也可以看出，在 1109 个样本中仅 130 个样本具有担保人，占比低于 15%。另外，由于民间借贷通常以口头协议或非正式契约来确定借贷关系，是否有担保人这一因素约束力有限。这两个因素都可能导致这一变量不具统计显著性。

（4）其他控制变量。

从其他控制变量的结果上看，“家庭中未还贷款数额”“家庭年总收入”“家庭总资产”“民间借贷用途”与民间借贷风险显著相关。其中“家庭中未还贷款数额”对民间借贷风险有正向影响，家庭负债水平越高，家庭在最大一笔民间借贷还款时选择不按期还款的可能性更大；“家庭年总收入”“家庭总资产”对民间借贷风险有负向影响，显然借款家庭的资金实力对民间借贷风险大小具有负向影响，越富有的家庭越倾向于按期还款；“民间借贷用途”这一变量对民间借贷风险有正向影响，即借款用于生产性用途的家庭，其民间借贷风险更大。

4.3　稳健性检验

本章通过对因变量进行替换的方法，再次对模型进行回归以检验结果的稳健性。现将因变量重新编码，设定家庭最大一笔借款按期还款为 1，否则为 0，考察影响家庭最大一笔民间借贷按期还款的因素。在此基础上，以 Probit 模型为基础采用 CMP 估计法进行二阶段估计，结果如表 4 - 5 所示。可以发现，关键系数的符号和显著性仍然同原模型的估计结果保持一致，未发生明显变化；仅由于此处的因变量为民间借贷是否按期还款，其含义与原模型的因变量相反，故相应的变量符号方向与原模型相反。这表明原模型的估计结果是稳健科学的。

表 4 - 5　民间借贷按期还款影响因素分析

	Variables	Probit	Ivprobit	
		(1)	(2)	Odds Ratio
社会网络	LRelatives	-0.0301 (0.0610)	-0.0108 (0.0469)	0.9893 (0.0464)
	Ln_ TSSpen	0.0170 (0.0478)	0.6200*** (0.0809)	1.8589*** (0.1504)
	SBorrow	-0.3825** (0.1490)	-0.2680** (0.1309)	0.7649** (0.1001)
社会规范	ParenVisit	0.0004 (0.0004)	0.0004 (0.0004)	1.0004 (0.0004)
	FinanEdu	0.5372*** (0.1398)	0.3509* (0.2130)	1.4204* (0.3025)
	CCPRatio	-0.0001 (0.0068)	-0.0019 (0.0015)	0.9981 (0.0014)
信任	AFCredit	0.3901*** (0.0608)	0.2829*** (0.0731)	1.3270*** (0.0970)
	Guaran	0.2984** (0.1308)	0.1474 (0.1652)	1.1588 (0.1915)
控制变量	PICredit	-0.3013*** (0.0934)	-0.2362*** (0.0707)	0.7896*** (0.0559)
	PLabors	-0.0005 (0.0008)	-0.0001 (0.0014)	0.9999 (0.0014)
	AverAge	-0.0119 (0.0112)	-0.0014 (0.0280)	0.9986 (0.0280)
	AverAgeSqu	0.0001 (0.0001)	0.0000 (0.0003)	1.0000 (0.0003)

续表

	Variables	Probit	Ivprobit	
		(1)	(2)	Odds Ratio
控制变量	SBEdu	0.0013** (0.0005)	-0.0002 (0.0011)	0.9998 (0.0011)
	Ln_ RLoan	-0.1559*** (0.0095)	-0.1169*** (0.0173)	0.8897*** (0.0154)
	Ln_ Income	0.0877*** (0.0116)	0.0341 (0.0294)	1.0347 (0.0304)
	Ln_ TAsset	0.1558*** (0.0116)	0.0391*** (0.0120)	1.0398*** (0.0125)
Communication Expenditure			0.0001*** (0.0000)	0.0001*** (0.0000)
Mandarin Level			0.0691 (0.0513)	0.0691 (0.0513)
Lnsig_ 2			0.1839*** (0.0194)	0.1839*** (0.0194)
Atanhrho_ 12			-0.9693*** (0.1768)	-0.9693*** (0.1768)
地域固定效应		是	是	是
Prob > χ^2 (3)		0.0001	0.0000	0.0000
Pseudo R^2		0.2682		
样本量		1109	1109	1109

注：①*、**、***分别代表10%、5%、1%的显著水平；②每列括号中的数字为以 Delta 方法计算的标准误；③边际贡献率的值为百分数；④为节省篇幅本表没有汇报第一阶段估计结果。

4.4　社会资本影响民间借贷风险的进一步讨论

有学者指出，随着民间借贷的日益兴盛，个体的借贷行为从审慎依附强关系，演化为积极搭建弱关系联结，关系本身的性质也发生了由情感性向工具性的转变，借贷形式由强关系生活性借贷逐渐向弱关系生产性借贷转变（白乙辰，

2016)。这一趋势下，社会网络的作用弱化，声誉充当起了“抵押品”的角色，发挥着防范民间借贷风险的作用（赵丙奇，2013）。生产性借贷具有回收期长、受外部经济环境及投资收益影响大等特点，故当借款人出现决策失误或遭遇经济环境波动时，生产性借贷的风险将显著增大（周孟亮和蒋文华，2014）。然而，关于这一问题的现有研究多停留在理论分析层面。因此，有必要采用实证方法对社会资本与不同用途民间借贷风险的关系进行进一步讨论。

本章依据借贷用途将总样本分为生产性借贷与生活性借贷两个子样本，以观察两者之间的特征并分析差异。通过统计可知，生产性借贷样本的借款来源为亲戚、合作伙伴等的比例为86.58%，而生活性借贷样本的借款来源为亲戚、合作伙伴等的比例为92.80%，可见生产性借贷确有弱关系化的趋势。为了从更深层次发掘两者的内在特点，本章首先针对子样本中的民间借贷还款特征进行概率预测（结果见表4－6）。其后，以 Ordered Probit 为基础运用 CMP 估计法对子样本进行回归分析（结果见表4－7）。

概率预测的基本公式为：

$$Pr(y=j|X)=F(\hat{\tau}_j-\bar{x}_i\hat{\beta})-F(\hat{\tau}_{j-1}-\bar{x}_i\hat{\beta}) \tag{4-4}$$

表4－6　不同借贷类型民间借贷风险的概率预测

		问卷统计结果				概率预测结果（%）	
		生产性贷款		生活性贷款		生产性借款	生活性借款
		户数	比例（%）	户数	比例（%）	概率	概率
按期还款	Y＝1	227	44.16	405	67.84	55.63	61.51
未开始还款	Y＝2	217	42.22	118	19.77	30.34	27.55
未按期还款	Y＝3	70	13.62	74	12.40	14.03	10.94

注：表中概率预测结果为各样本观察值概率预测的平均值。

从原始数据统计结果上看，家庭在最大一笔民间借贷到期时的还款情况占比与概率预测中的结果较为一致。通过比较可知，生产性借贷家庭具有较高的未按期还款概率及较低的按期还款概率。同时，在生产性借贷家庭中，未开始还款的比例高于生活性借贷中未开始还款的比例，其原因可能是生产性借贷的借款期限较长，而生活性借贷借款期限较短。基于数据事实及前文实证结果，本书认为生产性借贷风险大于生活性借贷。

表 4-7 子回归：不同借贷用途与民间借贷风险

Variables		生产性	生活性
		(1)	(2)
社会网络	LRelatives	0.0159 (0.0250)	0.0436 (0.0550)
	Ln_ TSSpen	-0.2438 (0.1870)	-0.7067*** (0.0849)
	SBorrow	0.2908 (0.3028)	0.3399* (0.1881)
社会规范	ParenVisit	-0.0006* (0.0004)	-0.0003 (0.0007)
	FinanEdu	-0.0271 (0.4040)	-0.5259*** (0.1071)
	CCPRatio	-0.0076*** (0.0007)	0.0043 (0.0043)
信任	AFCredit	-0.2378*** (0.0660)	-0.1692 (0.1958)
	Guaran	-0.1518 (0.1886)	-0.0342 (0.1949)
控制变量	PICredit	-0.0035 (0.0025)	0.0015 (0.0027)
	PLabors	-0.0268 (0.0236)	0.0219 (0.0296)
	AverAge	0.0003* (0.0002)	-0.0003 (0.0004)
	AverAgeSqu	-0.0017* (0.0010)	0.0006 (0.0014)
	SBEdu	0.1394*** (0.0245)	0.0673*** (0.0140)
	Ln_ RLoan	-0.0285* (0.0156)	-0.0310 (0.0210)
	Ln_ Income	-0.1253** (0.0632)	0.0132 (0.0202)

续表

Variables	生产性	生活性
	(1)	(2)
地域固定效应	是	是
Prob > χ^2 (3)	0.0000	0.0000
样本量	513	596

注：①*、**、***分别代表10%、5%、1%的显著水平；②每列括号中的数字为固定于地域水平的稳健标准误（Robusted Std. Err.）；③为节省篇幅，本表没有汇报Ordered Probit估计的截断点估计值、标准差及第一阶段估计和工具变量估计结果。

就生活性借贷估计结果看，社会资本各维度变量中具有统计显著性的有：社会网络维度的“年社交投资总额”“家庭最大一笔借款来源”以及社会规范维度的“金融知识”。对比系数大小可知，“年社交投资总额”“家庭最大一笔借款来源”“金融知识”的估计系数较整体回归结果有所增加，且都大于生产性借贷样本。而与整体回归结果不同的是，信任维度的“能否从银行获得贷款”由原来的1%水平显著转为不具统计显著性。

在生产性借贷中，社会资本各维度变量的统计显著性出现了较大变化，其中社会网络变量均不具统计显著性；社会规范维度中的“年拜访父母次数”“家庭党员比例”和信任维度中的“能否从银行获得贷款”具有统计显著性。值得注意的是，相比整体回归结果，“年拜访父母次数”由不具统计显著性转为10%水平显著，并呈负向影响；“家庭中近亲为党员比例”由不具统计显著性转为1%水平显著，也对民间借贷风险有负向影响。

综合生活性借贷和生产性借贷两个子样本的回归结果，可以得出以下结论：①社会网络在生活性借贷样本中，无论是估计系数大小或是系数统计显著性，都明显高于生产性借贷。据此可知，社会网络对民间借贷风险的影响在生产性民间借贷中出现了弱化。这也证明，有生活性借贷的家庭更注重对社会资本的投资，以构建一个更为强大的社会网络，这有利于形成风险分担机制，实现家庭平滑消费。但即便如此，仍需警惕由于强社会网络引致的生活性借贷风险加剧的可能性。②就社会规范维度变量在生产性借贷和生活性借贷两个子样本中的明显异质性影响可以推断：在从事生产活动的家庭样本中，道德水平、声誉好坏、外界对家庭成员行为约束程度（如家庭成员是否孝顺、家庭党员比例高低等）对民间借贷风险的影响大于生活性借贷的家庭。由此可见，声誉机制是生产性民间借贷风险控制的重要手

段。而对于生活性借贷而言，由于其借款的主要目的是平滑消费及用于缓解临时性资金短缺。因此，借款人自身是否遵守规则、是否了解违反规则的危害更能影响其是否按期还款。③就信任维度看，参与生产性借贷的家庭可能由于资金实力提升转而选择向正规借贷市场寻求贷款，此时其家庭与正规金融机构间的信任更具重要性，这些家庭也在与银行信贷往来中养成了良好的借款习惯并获得了更多融资渠道，其在民间借贷到期时按时还款的可能性更高。而对于参与生活性借贷的家庭，由于此类家庭收入水平相对较低、资质较差，不易获得银行贷款，因此其与正规金融机构间的信任对民间借贷风险影响有限。

4.5　研究结论

本章利用2013年CHFS调查数据构建社会资本影响民间借贷风险模型，采用条件混合过程进行联立释然方法对模型进行两阶段回归，从社会网络、社会规范、信任三个维度对社会资本对民间借贷风险的影响进行实证研究，得到以下结论：

从总体来看：①社会网络维度。家庭社会网络规模并不一定影响家庭民间借贷的风险，但家庭有效社会网络规模能够显著影响民间借贷风险；家庭强社会网络对于民间借贷风险的影响并不都是积极的，由于强社会关系使借贷双方行为自主性降低，导致借款方还款意愿降低，民间借贷风险反而加大。②社会规范维度。借款家庭的金融认知程度越高按期还款意愿也越高，而身份特征、道德水平对民间借贷风险的影响不显著。③信任维度。家庭与金融机构之间的信任有助于降低民间借贷风险。综合三个维度的结论可知，家庭社会资本的积累在总体上有利于控制民间借贷风险。

此外，为研究不同维度社会资本对不同类型民间借贷风险的异质性影响，本章针对生产性和生活性借贷子样本进行了回归分析，并发现：①我国民间借贷确实呈现出向弱关系生产性借贷发展的趋势，且在这一趋势中，社会网络对民间借贷风险的防控作用出现了弱化。②声誉机制能有效激励生产性借贷的借款人按期还款，有助于减小民间借贷风险；而对生活性借贷而言，则既可以通过金融教育推动借款人遵守借贷行为规范，也可以通过约束提高借款人还款意愿，进而实现对民间借贷风险的防控。

第5章　社会关系影响民间借贷违约的实证分析

——基于法院观察点数据

近年来，中国民间借贷纠纷案件数量不断增加。根据最高人民法院的统计数据，2008年以前，全国法院受理民间借贷纠纷案件数量相对平稳，2008年之后案件量开始大幅上升。2012年收案数74.8万件，比2008年上升53.15%，2013年和2014年审结案件数不断创新高，2015年审结案件已达到142万件，相比2014年又增长38.67%。此外，温州、鄂尔多斯等地区民间借贷事件集中爆发，民间借贷风险备受社会的普遍关注。政策制定者们期望通过经济、制度和社会层面规范和引导民间借贷健康发展，不少研究也为此提供了一定的证据。但以往这些研究更多地从经济因素探讨民间借贷风险问题，本书则从非经济因素即社会关系角度分析其对民间借贷风险的影响，希望为政府部门和学术界提供更深入了解中国民间借贷违约风险问题的重要信息。

中国是一个关系型社会，研究社会关系对民间借贷的影响具有现实依据和理论依据。首先，民间借贷活动范围扩大可能导致民间借贷纠纷增加。民间借贷已从传统的基于血缘、亲缘、地缘等关系的熟人借贷拓宽到半熟人或陌生人借贷（Yue，2013；Dong和Ma，2014），借贷双方距离、关系的差异往往在纠纷上表现出明显的不同。从这个角度说，关系可能对民间借贷纠纷具有显著的影响。其次，关系对中国社会经济活动有着重要的影响，人们借助关系构筑社会网络，并通过社会网络从事各种社会经济活动，因此，借贷关系可能对民间借贷风险具有显著的影响。再次，许多学者的研究发现，民间借贷的信息优势对于降低融资风险至关重要。在一定的人际关系范围内，民间借贷有其信息优势，一旦超出这种范围，这些优势便成为制约其扩展的劣势（Nagarajan等，1999；郭斌和刘曼路，

2002；林毅夫和孙希芳，2005；张雪春等，2013），由此可见，如果关系影响民间借贷信息优势，也必然影响民间借贷违约风险。最后，经济学家关于信贷风险影响因素的研究，无论在理论和实证上都已形成了较为成熟的模型，在以往的这些研究中，部分模型探讨了关系对正规信贷和小额信贷风险的影响，为本书的开展提供了重要的理论支撑。

5.1　研究假说

关系是民间贷款者收集软信息、获得信息优势的决定因素（Agarwal，2010）。一方面，关系影响贷款者收集和甄别信息的有效性。在信息不规范的民间借贷市场上，借贷所需的信息是一些易于被熟人所掌握和了解的“软信息”。由于“软信息”难以进行标准化处理，信息交流必然受到极大限制。当借贷双方关系上较亲密时，贷款者可以借助面对面的人际交流方式收集和甄别信息，信息传递速度和准确率高；而当借贷双方关系较疏时，贷款者难以借助面对面的交流方式掌握借款人信息，信息扩散速度慢，信息的准确率降低（Cotugno 等，2013）。另一方面，关系也影响民间借贷违约的社会惩罚效力。中国民间借贷合约的执行主要不是依靠国家的法律体系，而是依靠关系、信任、声誉等社会惩罚机制（林毅夫和孙希芳，2005；胡必亮，2004；Agarwal 和 Hauswald，2010；Karaivanov 和 Kessler，2013），而社会惩罚具有很强的地域性（Karlan 等，2009），超出一定的人际范围，信息传递必然受阻，说“坏话”机制失去效力，社会惩罚的约束力大大下降。由此可见，民间借贷具有的信息优势不仅反映在贷款者对借款信息的收集与甄别上，还反映在贷款者对借贷监督和违约的惩罚过程。可以说，关系既是影响民间借贷信息不对称程度的关键因素，也是影响借贷风险的重要因素。

因此，本书提出如下研究假说：借贷双方关系负向影响民间借贷风险。

5.2 实证模型与变量选择

本书建立了多元线性回归模型估计关系对民间借贷违约的影响，基本模型如下：

$$Default = \alpha + \beta_1 Gender + \beta_2 Age + \beta_3 Prof + \beta_4 Cartime + \beta_5 Princ + \beta_6 Rate + \beta_7 Purp + \beta_8 Relation + \beta_9 Guar + \varepsilon \quad (5-1)$$

模型中，α 为截距，$\beta_i(i=1, 2, 3, 4, 5, 6, 7, 8, 9)$为模型回归系数，$\varepsilon$ 为随机变量。

本书选取如下变量进行验证（见表 5－1）。模型中因变量 default 表示违约率，即所欠本金占本金总额的比率，代表违约风险大小。

关系在中国有不同的度量方式，边燕杰和张文宏（2001）把职业流动者所使用的社会关系分为三类：相识、朋友和亲属，Ying（2002）把关系分为三类：家族（Family）、互助（Helper）和商业关系（Business Relationships），Douglas（1998）指出在中国经济转型期社会关系是从事商业活动的重要部分。为了考察关系远近对违约率的影响，本书综合借鉴以上学者的观点，把借贷双方关系分为：①相识：包括非亲非友的各种直接和间接关系。②商业关系：包括商业往来、商业伙伴、投资伙伴、合作伙伴等关系。③朋友：包括朋友、同事、同学、战友、同乡、同村、邻居等。④亲属：包括核心和扩大家庭的成员、各种血缘和姻缘关系等。⑤其他：指曾为夫妻恋人关系（这类关系较为特殊，但是根据调查情况，有 5 个案例的借款人与出借人在发生借贷纠纷前曾为夫妻或恋人关系，因此，将这类关系归为“其他”）。

同时，考虑到借贷双方之间的地理距离也可能影响信息不对称程度，借款人特征、借款本金数额、借贷利率、借款用途和担保情况等因素可能影响借贷风险，因此，本书选取关系作为关键变量，其他变量作为控制变量（见表 5－1）。

表5-1 变量定义

变量类型	变量名	变量定义及赋值
违约率	Default	所欠本金占总本金的比率
关系	Relation	借贷双方关系，相识=1，商业关系=2，朋友=3，亲属=4，其他=5
借款人特征	Gender	借款人性别，男=1，女=2
	Age	借款人实际年龄
	Prof	借款人职业，农民=1，商人=2，干部=3，普通职工=4，其他=5
行车距离	Cardistan	借款人和出借人具体住址之间的行车距离
行车时间	Cartime	借款人和出借人具体住址之间的行车时间
直线距离	Lineardistan	借款人和出借人具体住址之间的直线距离
本金	Princ	借款本金总额（万元）
利率	Rate	借贷月利率（%）
借款用途	Purp	借款是否用于生产、生活还是其他，生产经营需要=1，生活需要=2，其他=3
担保	Guaran	借款是否有担保人，无担保人=1，有担保人=2

5.3 数据描述性统计分析

根据Degryse和Ongena（2005）使用行车时间作为距离的代理变量，借鉴Agarwal和Hauswald（2010）使用Yahoo的SmartView和Map测算距离的方法，笔者使用百度地图测算距离，输入借款人和出借人的具体住址，测出行车距离、行车时间和两地之间的直线距离。行车距离的变动范围0~2677.57千米，行车时间的变动范围0~1440分钟，直线距离的变动范围0~1616.1千米，行车距离、行车时间和直线距离的最小值均为0。而这三个变量的标准差都较大，说明距离变量的波动比较大，同时也反映跨地域融资的现象可能较为明显。在240个访谈样本中，每月利率的最小值为0，最大值为6%，该变量的标准差反映了利率波动范围不大。借贷金额最小值为0.19万元，最大值为4680万元，标准差反映了借贷金额波动大。将利率和借贷金额进一步分段，得到每月利率低于2%的样本有121个，每月利率高于等于2%的样本有119个，借贷金额低于100万元的样本有176个，高于等于100万元的样本有64个，说明通过法律渠道解决纠纷的民间借贷多数属于民事纠纷，利率仍然以受法律保护的范围为主，纠纷金额以低于100万元为主。变量的统计结果见表5－2。

表5－2 变量的描述性统计

变量名	样本数	均值	标准差	最小值	最大值
Default	240	0. 6492083	0. 2396052	0. 1	1
Gender	240	1. 175	0. 3807612	1	2
Age	240	42. 69583	9. 289125	18	70
Prof	240	1. 925	0. 9992675	1	5
Cardistan	240	79. 01216	296. 3142	0	2677. 57
Cartime	240	65. 87042	194. 4395	0	1440
Lineardistan	240	56. 59177	207. 2808	0	1616. 1
Purp	240	1. 629167	0. 9101837	1	3
Relation	240	2. 608333	0. 9444472	1	5
Guaran	240	1. 141667	0. 3494367	1	2
Princ	240	186. 0994	501. 6653	0. 19	4680
Princ（＜100万元）	176	14. 83989	18. 60744	0. 19	92. 4888
Princ（≥100万元）	64	657. 06286	804. 06113	100	4680
Rate	240	1. 61225	1. 150408	0	6
Rate（＜2%）	121	0. 69661	0. 561699	0	1. 8
Rate（≥2%）	119	2. 54328	0. 791076	2	6

注：根据《最高人民法院关于人民法院审理借贷案件的若干意见》规定民间借贷的利率最高不得超过银行同类贷款利率的四倍（包含利率本数），超出此限度的，超出部分的利息不予保护，结合访谈收集到民间借贷利率的实际情况，我们把月利率分为2%以下和2%及以上。目前民间借贷大小额的认定没有统一的标准，如浙江温州规定大额民间借贷即单笔借款金额300万元以上或累计借款余额1000万元以上的必须强制备案，福建晋江规定大额民间借贷即单笔借款金额200万元以上的应当备案。因此，本书根据某市法院审理民间借贷纠纷案件标的认定，将民间借贷分为100万元以下和100万元及以上借贷。

5.4 回归分析结果与讨论

使用SPSS19.0软件对样本数据进行多元线性回归处理。在处理过程中，首先使用全样本数据，将所有可能影响因变量的自变量引入模型进行显著性检验，在此基础上，为考察距离对利率 2% 以下和 2% 及以上、本金 100 万元以下和 100 万元及以上借贷的不同影响，使用利率和本金分段后的子样本数据，分别单独进行显著性检验。结果显示，各方程均不存在自相关，但对全样本及 100 万元以下样本进行回归时，发现这两个方程存在异方差，本章使用残差绝对值的倒数，借助加权最小二乘法对两个方程进行修正，表 5 - 3 中数据显示的是修正后的结果。首先对关系变量进行解释，然后再对控制变量进行解释。

表 5 - 3　回归估计结果

变量	方程 1	方程 2	方程 3	方程 4	方程 5
Constant	0. 8371	0. 8340	0. 8484	0. 8234	0. 7767
Gender	0. 0315	-0. 0216	0. 0691	0. 0209	0. 1034
Age	-0. 0036 **	-0. 0003	-0. 0042 *	-0. 0029 ***	-0. 0040
Prof	0. 0091	0. 0010	0. 0083	0. 0170 *	0. 0135
Cartime	0. 0004 ***	0. 0011 ***	0. 0003 ***	0. 0015 ***	0. 0002 ***
Princ	-4. 19E -06	-6. 44E -05	9. 14E -06	1. 68E -05	-7. 24E -05 **
Rate	0. 0026	-0. 0952 **	0. 0030	-0. 0101	0. 0563 **
Purp	0. 0130	0. 0065	0. 0141	0. 0090	0. 0306
Relation	-0. 0539 ***	-0. 0329	-0. 0737 ***	-0. 0690 ***	-0. 0261
Guaran	0. 0021	-0. 0605	0. 0308	0. 0058	-0. 0970 *
F 值	4. 7180 ***	2. 8492 ***	3. 8460 ***	18. 56701 ***	4. 4186 ***
调整后的 R^2	0. 1228	0. 1218	0. 1784	0. 4746	0. 3281

注：① ***、**、* 分别表示在 1%、5% 和 10% 水平上显著。②方程 1 为全样本回归模型（N = 240），方程 2、方程 3、方程 4、方程 5 分别为利率低于 2%（N = 121）、利率高于等于 2%（N = 119）、本金低于 100 万元（N = 176）和本金高于等于 100 万元（N = 64）的子样本回归模型。

5. 4. 1　关系变量

关系变量在方程 1、方程 3 和方程 4 中都通过显著性检验且系数为负，可能是由于借贷双方关系疏远阻碍信息传递的有效性，导致收集信息、监督和惩罚借款人等成本增加，从而引起筛选、监督和惩罚借款人的难度加大，违约风险增加。方程 1 的回归结果发现，关系对违约率的影响系数为 -0. 0539，显示关系紧密性每增加 1 个单位，违约风险平均下降 0. 0539%。

对利率分段后的样本进行回归处理，方程 2 和方程 3 中关系对违约率的影响程度不一致，在利率低于2%的借贷样本中，关系对违约率的影响不具有显著性，而在利率为2%及以上的借贷中，关系对违约率具有显著的负向影响，系数为-0.0737，显示关系紧密性每增加1个单位，违约风险下降0.0737%，说明利率为2%及以上的借贷更多发生在非熟人间，出借人以追求高利息收入为主要目的，如果借贷双方关系紧密，能够显著降低民间借贷风险，而利率2%以下的借贷更多发生在亲戚朋友等熟人间，这类借贷由于血缘、亲缘或学缘等各种关系的客观存在，关系并不是出借人用来衡量借贷风险的重要因素，因而没有显著影响借贷违约率。

对本金分段后的样本进行回归处理，方程4和方程5中关系对违约率的影响显著程度不一致，在本金低于100万元的借贷中，关系对违约率的影响程度显著为负，系数为-0.0690，而在本金高于等于100万元的借贷中，关系的影响不显著。在方程4中，显示关系紧密性每增加1个单位，违约风险下降-0.0690%，一方面可能是由于在相对小额的民间借贷中，借贷双方关系对借款人的违约行为具有更强的惩罚力，双方关系越紧密，借款人的违约社会成本就越高，考虑到违约要承担的社会后果，借款人主动选择降低违约程度；另一方面可能是因为借贷双方关系越紧密，出借人越容易掌握借款人的实际情况，从而可以最大限度地避免道德风险的发生。

5.4.2 控制变量

在所有方程中，行车时间对违约率均具有显著正向影响，说明行车时间越长，借贷双方地理距离越远，信息不对称程度越高，违约风险越高，反之则违约风险越小。

在方程1、方程3和方程4中，年龄对违约率具有显著负向影响，其他控制变量不显著。年龄越大违约风险越小，可能是年龄越大的借款人社会资源越多，收入也越高，承受风险的能力越强。

方程2的结果显示，利率对违约率具有显著负向影响。理论上，利率对违约风险具有正向影响，但在利率低于2%的民间借贷纠纷中，回归结果发现，利率每增加1个百分点，违约率平均降低0.100%，可能是利率低于2%的借贷往往属于生产型或生活型借贷，借款人利息负担越重，偿还借款的动机就越大，违约比例越低；也可能是低利率或无息借贷多数发生在亲友间，借贷关系的形成通常凭借口头协议或者不规范的借条，借款人存有违约免受法律制裁的侥幸心理，不

惜使用“杀熟”手段进行赖账，从而出现利率越低违约比例越高的借贷纠纷。方程3的结果显示，年龄和关系对违约率具有显著负向影响，其他控制变量影响不显著。方程5的结果却显示，利率对违约率具有显著正向影响，可能是大额借贷中高利率明显加大借款人利息负担，导致还款困难。

方程4的结果显示，职业对违约率具有显著正向影响，可能是借款人职业层级越高，职业声望越高，收入越稳定，违约风险越小。在方程5中，本金对违约风险具有显著负向影响，可能是金额越大的借款往往出于临时周转需要或者是出借人通常要求大额借款人提供抵押担保；担保对违约风险具有显著负向影响，说明在大额借贷中，出借人倾向增加担保手段来分散风险。

上述实证分析结果验证了本章提出的研究假说：借贷双方关系负向影响民间借贷风险，说明借贷双方关系越紧密，违约风险越低。但考虑到可能出现距离远但关系亲密或距离近且关系亲密、距离远且关系疏远或距离近但关系疏远的借贷情况，这类借贷中，借贷双方地理距离与双方关系都可能影响信息不对称程度，还可能具有相互影响，因此，需要对选取的关系变量进行进一步检验。

5.5　稳健性检验

将距离与关系的交互项考虑进来，以对关系变量进行进一步检验，结果见表5-4。方程6、方程7、方程8、方程9、方程10的回归结果显示，核心变量关系的显著性并没有变化，在方程6和方程8中，关系对违约率的影响仍然在1%水平上显著，且系数为负，在方程9中，关系对违约率的影响在5%水平上显著，且系数为负。进一步还发现，在利率低于2%和本金小于100万元借贷中，交互项对违约率具有显著负向影响，但影响程度存在差异；而在利率高于等于2%和本金高于等于100万元借贷中，距离与关系的交互影响都不显著，可能是因为在利率高于等于2%和本金高于等于100万元借贷中，需要借款人提供实物抵押。由于本书构建的是线性模型，交互项的效应可以直接从系数看出，在方程7中，以行车时间为主效应，若借贷双方关系为普通关系时，交互项的影响结果为0，行车时间对违约率的影响为0.0024；若借贷双方关系为亲密关系时，交互项的影响结果为-0.0015，行车时间对违约率的影响降为0.0009，说明在利率小于2%

借贷中，借贷双方的亲密关系有助于降低距离对借贷违约风险的正向影响。同样，在方程9中，以行车时间为主效应，若借贷双方关系为普通关系，行车时间对违约率的影响为0.002；若为亲密关系，行车时间对违约率的影响为0.0016，说明在本金小于100万元借贷中，亲密关系更能够降低距离引起的信息不对称程度，从而减弱距离对违约率的正向影响。以上发现的实际含义是：借贷双方之间的距离越远，违约风险越高，但双方的亲密关系能够减弱距离对违约风险的正向影响程度。

表5-4 稳健性检验结果

变量	方程6	方程7	方程8	方程9	方程10
Cartime	0.0003***	0.0024***	0.0003**	0.002***	0.0002***
Relation	-0.11***	-0.02	-0.14***	-0.110345**	-0.04
Distance * Relation	3.86E-05	-0.0015*	5.20E-05	-0.0004**	-8.68E-05
Gender	0.03	-0.008	0.06	0.02	0.11
Age	-0.003**	-0.0003	-0.004*	-0.003	-0.004
Prof	0.01	0.002	0.01	0.01	0.02
Princ	-1.45E-05	-8.23E-05	-5.16E-06	3.31E-05	-7.51E-05**
Rate	0.01	-0.08**	0.01	0.003	0.06***
Purp	0.01	0.01	0.01	0.009	0.03
Guaran	0.01	-0.04	0.04	0.009	0.09
Constant	0.74	0.69	0.71	0.70	0.67
F值	4.25***	3.27***	3.55***	3.26***	4.10***
调整后的 R^2	0.12	0.16	0.18	0.11	0.33

注：①表5-3报告的是模型估计系数。②***、**、*分别表示在1%、5%和10%水平上显著。③表5-4检验结果是方程6、方程7、方程8、方程9、方程10分别在表5-3中的方程1、方程2、方程3、方程4、方程5的基础上增加距离与关系交互项进行回归处理而得。

5.6 研究结论

本书借鉴以往学者关于关系影响借贷违约的研究成果，从理论上诠释关系对民间借贷违约风险的影响，进而提出关系负向影响民间借贷违约风险的研究假说，使用 240 个民间借贷纠纷访谈资料，实证检验关系对民间借贷违约风险的影响。为检验关系对不同利率和本金档次违约率的影响，将利率分为 2% 以下（121 个样本）和 2% 及以上（119 个样本），本金分为 100 万元以下（176 个样本）和 100 万元及以上（64 个样本），建立包括全样本在内的 5 个方程进行回归处理。结果显示，关系在方程 1、方程 3 和方程 4 中都通过显著性检验且系数为负，说明借贷双方关系越亲密，违约风险越小。

研究中还发现，行车时间在所有方程中都通过了显著性检验且系数为正，说明行车时间越长，借贷双方两地距离越远，违约风险越高。在全样本、利率 2% 及以上、100 万元以下借贷的方程中年龄具有显著负向影响，在其他方程中其影响均不显著；职业在本金 100 万元以下借贷的方程中具有显著正向影响，在其他方程中均不显著；本金仅在借款金额 100 万元及以上的方程中具有显著负向影响；利率变量在利率 2% 以下借贷的方程中有显著负向影响，但在本金 100 万元及以上的方程中具有显著正向影响；担保仅在 100 万元及以上的方程中具有显著负向影响，这意味着不仅借款人年龄、职业等个体特征影响违约率高低，本金大小、利率高低、有无担保等借款性质对违约率也有影响，出借人应该合理规避这些因素，减少民间借贷纠纷。此外，距离和关系对于降低利率小于 2% 和本金小于 100 万元借贷的违约风险具有相互作用，即随着借贷双方关系紧密性增强，距离对违约风险的正向影响程度将减弱。

第6章　涉众型民间借贷违约案例分析

众多专家学者认为，中国民间借贷风险已经到了危及国家金融体系稳定安全的程度，非控制不可。但从近年来发生的民间借贷风波看，并非所有民间借贷活动都存在风险隐患，真正隐藏着较大风险的是涉众型民间借贷①活动，其可能出现局部违约甚至全面性清偿危机，直至演变为非法集资活动。涉众型民间借贷现状与社会资本这柄“双刃剑”有密切关系：在一定范围内，社会资本能够促进信息传递，具有社会担保功能，缓解个人或中小企业面临的信贷配给问题，同时信任关系约束信贷中的违约行为，降低借贷风险。然而，当社会网络变大，涉及人员增加，人员流动性增强，社会资本对民间借贷的消极影响也暴露出来：如果借贷双方处于一个开放的关系网络中，由于网络成员的流动性强，信息扩展较慢，社会资本具有的惩罚作用减弱，此时借贷双方交易行为不仅难以发生，而且借款人容易滋生违约行为。

如前所述，社会资本影响民间借贷风险的理论分析框架已经构建，本章将利用该分析框架，以笔者建立的涉众型民间借贷案例库为分析对象，回答以下问题：涉众型民间借贷违约风险究竟发展到何种程度？违约事件中哪些问题较突出？违约事件的特点是什么？债权和债务主体是哪些人？社会资本如何一方面积极控制民间借贷的违约风险，另一方面又对涉众型民间借贷违约发生产生消极影响？

---

① 本书选择使用“涉众型民间债务”或“涉众型民间借贷”而非“非法集资”这个敏感概念作为选题，力求从本质上探讨涉及多人融资对象的民间债务违约机理。同时，现阶段我国法律法规尚无针对涉众型民间债务的明确定义，笔者参照公安部将涉及受害群众达30人以上的经济犯罪称之为涉众型经济犯罪的相关定义，在此将涉众型民间债务中的“涉众”定义为涉及30人以上。因此，涉众型民间债务或涉众型民间借贷是指在同一民间融资活动中，债权人数达30人以上的民间债务或借贷。出于行文需要，本书中有时使用“民间借贷”概念。

6.1 数据库总体描述

6.1.1 违约分布情况

数据库收录的违约事件年度分布情况如图 6－1 所示。事件的高峰值出现在 2012 年，当年报道的事件共有 38 件；事件的低峰值出现在 1989 年、1992 年和 1999 年①；1989～2001 年，总事件数为 26 件，平均每年违约事件数为 2 件；2002 年至 2015 年 4 月，总事件数为 328 件，平均每年违约事件数为 23.43 件。总体来看，2002 年之前，每年违约事件数较少，2002 年之后，违约事件数整体上升，特别是 2004 年之后违约事件数呈现明显增加态势。

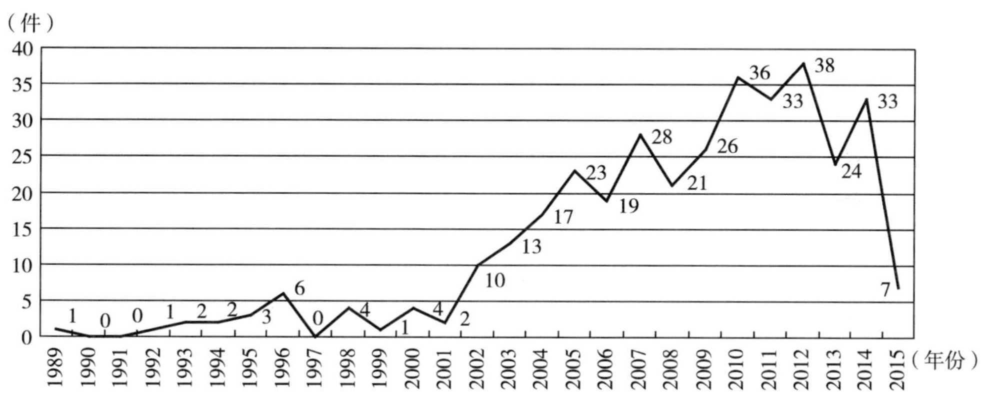

图 6－1 违约事件年度分布情况

资料来源：笔者整理的数据库。

违约事件的省份分布见表 6－1：违约事件主要集中在浙江、江苏、福建、广东、山东等东部省份，这 5 个省份的违约事件数占违约事件总数的 42.25%；

① 1990 年、1991 年、1997 年这 3 个年份没有收集到相关报道，可能是由于 1990～1997 年农村合作基金会在全国正处于快速发展阶段，倒闭事件较少，1997 年 11 月开始决策层决定全面整顿农村合作基金会。

一些中部省份如河南、安徽的违约事件比例分别达到5.35%和4.79%；西部省份如陕西、云南、四川的违约事件比例也分别达到4.79%、3.10%和2.82%。由此可见，不仅经济较为发达的东南沿海省份成为涉众型民间借贷违约的重灾区，经济欠发达的一些中西部省份也成为违约事件的高发地。

表6-1　违约事件省份分布

省份	事件数（件）	占比（%）	省份	事件数（件）	占比（%）
浙江省	44	12.39	内蒙古自治区	13	3.66
江苏省	33	9.3	山西省	6	1.69
福建省	20	5.63	安徽省	17	4.79
广东省	27	7.61	江西省	5	1.41
山东省	26	7.32	湖北省	3	0.85
黑龙江省	5	1.41	湖南省	11	3.1
吉林省	4	1.13	广西壮族自治区	5	1.41
辽宁省	14	3.94	陕西省	17	4.79
北京市	18	5.07	云南省	11	3.1
天津市	4	1.13	甘肃省	7	1.97
河北省	11	3.1	四川省	10	2.82
上海市	11	3.1	重庆市	2	0.56
海南省	3	0.85	贵州省	2	0.56
河南省	19	5.35	新疆维吾尔自治区	6	1.69
合计				354	100

资料来源：笔者整理的数据库。

进一步从违约事件高发地市分布看，发生3件及以上违约事件的共有37个城市，其中，包括24个东部城市（含北京、上海和天津3个直辖市）、8个中部城市和5个西部城市；违约事件数最多的是浙江温州（18件）和北京（18件），第二是广东深圳（12件），第三是上海（11件）。总体来看，违约事件主要集中在东南沿海经济发达城市，但近年中西部城市也有不少违约事件，说明涉众型民间债务融资范围已经突破地域限制，逐步由经济发达地区向欠发达地区推进。

6.1.2　违约特征

以上是民间借贷违约的总体状况，此外，笔者通过每个案例的细节，发现随着时间变迁，民间借贷违约呈现出更加复杂的特征。

6.1.2.1 债权人群体呈现“金字塔”式结构链条

债权人人数多是涉众型民间债务违约与普通民间债务违约的本质区别。数据库显示，涉众型民间借贷债权人人数少则几十人，多则十多万人；2010 年之后，债权人人数规模有所缩小，但规模达到上千人的事件并不少见[①]；同一债务活动中跨地域的债权人人数明显增加，甚至来自多个省份；债权人群体呈现“金字塔”式结构，越上层的债权人人数越少，上一层的债权人同时也是下一层债权人的债务人，形成连环债务链条，部分债权人对自己放贷的资金去向并不知情；债权人群体由不同年龄、文化程度、职业构成，不仅有农民、工人和退休人员，还有商人、企业主、普通公职人员和政府官员，由此可见，涉众型民间融资债权人人数规模较大，结构复杂。

6.1.2.2 违约过程隐蔽性强

数据库的案例显示，债务违约是一个时序发展过程，多数债务初期是正常的借贷，后期出现局部违约甚至全部违约，整个过程隐蔽性强。部分案例的债务人通过许诺高利率或高额回报签订债务契约，但当债务规模继续扩大，“拆东墙补西墙”的办法无效时，随即出现资金链断裂，从而演变为债务危机。另有一部分债务人往往通过虚构经营活动或社会舆论宣传来诱惑和煽动债权人订立债务合同，披着合法的外衣掩盖其非法的目的，其违约过程更加隐蔽，难以分辨。

6.1.2.3 违约数额明显上升

通过对收录数据库的所有违约金额进行统计，结果表明，2002 ~ 2015 年，违约数额明显呈现逐步上升趋势。[②] 如表 6 - 2 所示，所有违约数额简单平均值为 15.99 亿元，中位数是 2.00 亿元[③]，最高值是 1500.00 亿元，最小值是 0.003 亿元。近 10 年来，违约数额中位数和平均值的差异较大，这反映了近 10 年来每年都有数额规模巨大的违约事件出现。总体来看，涉众型民间债务违约数额明显扩大，风险极高。

---

① 这可能与《处置非法集资部际联席会议制度》（国函〔2007〕4 号）出台后，在全国范围内防范打击非法集资犯罪有关。

② 违约数额包括本金和利息，在部分报道的案件中，有时只报道违约本金，在统计上笔者也只计算本金。

③ 中位数不会受到极端值的影响，而平均值容易受到极端值的影响。

表 6-2　1989~2015 年总违约金额　单位：亿元

统计标准	金额
平均值	15.99
中位数	2.00
标准差	89.93
最大值	1500.00
最小值	0.003

资料来源：笔者整理的数据库。

6.1.2.4　借贷利率不断攀高

从收录数据库的案例看，2004 年之前，借贷利率总体平稳，月回报率大致在 2% 左右波动；2004~2010 年，借贷利率显著上升，月回报率在 3% 左右波动，这可能与房地产市场价格快速上涨有关；尤其是 2011 年中国人民银行执行银根紧缩政策之后，民间借贷利率飙升，不少借贷月回报率在 5%，有的甚至达到 10% 以上。总体而言，涉众型民间融资利率持续走高，不同债务人借贷利率差异大。

6.1.2.5　债务主体构成复杂

数据库的数据统计显示，债务主体在违约事件案发时的平均年龄约为 44 岁，年龄分布在 20~80 岁，其中，以 40 多岁的居多；男性主债务人占 67%，女性主债务人占 33%。不少个案表明，债务主体的文化程度在中专以上①，但也有部分债务主体的文化程度在小学及以下，如 2010 年 7~11 月，天津天凯股权投资基金有限公司法人代表韩秀琴非法集资 10 余亿元，韩秀琴即是一名文盲农妇。数据库的多数个案表明，债务违约主体以企业负责人为主，但也出现农民、工人、教师、银行职员和政府公务员等群体，特别指出的是，近年一些银行职员利用职务之便进行非法融资的案例数目明显增加。总体来看，债务违约主体以 40 多岁为主，男性居多，文化程度较高，职业层级复杂。

6.1.2.6　集资诈骗渐成主导形态

对违约事件主导形态的分析具有很强的实践意义。一是政府部门可以知悉防范打击非法集资的侧重点；二是研究者可以了解哪类事件值得关注和研究。数据库显示，债务人吸收资金的方式变化多样，2007 年之前主要以传统的种养殖项

① 由于数据获取的难度，本章债务主体只统计主债务人。

目筹资，2007 年之后，债务人转向工程项目、科技开发、投资入股、消费返利等方式吸收资金，且出现多种方式相互交织。根据 2011 年 1 月 4 日起执行的《关于审理非法集资刑事案件具体应用法律若干问题的解释》对非法集资的界定，笔者将数据库收录的违约案例分为集资诈骗和非法吸收公众存款或变相吸收公众存款两大类型，结果发现，2002 年之前，共有 16 件集资诈骗和 10 件非法吸收公众存款或变相吸收公众存款事件；2002 年之后，共有 202 件集资诈骗和 126 件非法吸收公众存款或变相吸收公众存款事件。由此可见，债务形态趋向多样化，集资诈骗成为违约事件的主导形态。

6.2 案例分析

通过对数据库的分析，笔者发现涉众型民间借贷违约具有涉及面广、过程隐蔽性强、违约数额大等典型特征。那么，究竟是什么影响涉众型民间借贷违约？并促使违约呈现上述特征？下面将从社会资本的角度，进行深入分析。

6.2.1 社会资本对涉众型民间借贷违约的积极控制

6.2.1.1 社会网络的信息传递

民间借贷具有信息优势，这种优势在一定的人际关系网络范围内能够发挥信息收集和甄别的功能，且信息收集速度快、成本低。在案例《孙大午的生存之道——“非法集资”还是“合法圈钱”》（以下简称《孙案》）中，从 1996 年开始，大午集团采用“职工入股”的方式融资。债权人包括孙大午自己的家人、郎五庄村及附近村民，共有 4742 人把钱借给大午集团，信息基本在一个“熟人社会”网络中传递，孙大午作为借款人，其相关信息容易被他人了解，使大午集团可以方便快捷获得资金支持。

民间借贷的信息优势往往在初始时作用较大，在案例《湖南湘西州非法集资系列案》中，湘西州非法集资历时 10 余年，1998 年当地个别企业为解决资金困难，采取极为隐蔽的方式，以略高于银行同期贷款利率的回报率，主要向单位内部职工和利益关联者进行民间融资，未出现违约现象。而这些融资活动由当初范围小、回报率较低的民间融资行为，逐渐演变为集资企业参与者日渐增多、回报率持续攀升的非法集资行为时，问题才暴露出来。显然，在一定借贷范围，社会网络的信息传递是有效的，借贷违约发生的概率往往很低。

6.2.1.2　社会网络中的信任结构

信任是民间借贷的基础，这种信任通常是基于亲缘、地缘等“熟人”社会网络结构，是一种基于人际关系的特殊信任，因此，在“熟人”范围内的借贷，违约风险大大降低。在《孙案》中，徐水县高林村镇马庄村一位姓曹的村民，曹家共有十几万元资金借给了大午集团。他说，大午不是那种坑蒙拐骗的人。很多村民都说，孙大午可信。从履约的情况看，大午集团也的确守信用，一直是有借有还，虽然累计借了1.8亿元，但借款余额大致稳定在3000多万元。借钱给大午集团的村民们如果急需用钱也都很方便取出来。由此可见，这种人际关系的特殊信任不仅使大午集团顺利筹集到了资金，而且保证大午集团必须按时履约，当然，也产生了信任的“宣示效应”，吸引更多的借款人卷入其中。

随着社会转型，信任的基础发生异化，不仅有亲缘、血缘、地缘等“熟人”关系，一些较为疏远的关系如业缘、趣缘等也在发挥作用，使信任结构更加复杂，信任产生的基础变得不再可靠，同时，由于我国普遍信任制度尚未建立，在这种背景下，政府的支持不仅容易成为民间信任产生的重要依据，而且能够为个人或企业融资带来“象征资本”，从而出现“源源不断”的出借人和“源源不断”的资金卷入借贷中，而这种“象征资本”则是“双刃剑”，在为借款人筹集资金带来“虹吸效应”的同时，也埋下了风险隐患。例如，在案例《福建泉州人大代表骗贷上亿，贪官落马》中，“在我看来，民间愿意借钱给唐永建，和他身上的县人大代表、市人大代表等光环，以及当地政府曾把唐永建的制衣厂当作对外宣传的典型等造就的名声有关……据称，当时常有政府官员到唐永建的制衣厂里考察指导工作，一位当地居民还提供了一张唐永建与一位高官的合影”。数据库中的多数案例都有类似描述，个人和企业的信用被淡化，政府信用被放大，在高息的诱惑下以及政府对借款人前期的正面宣传，出借人会更加信任借款人。这些案例从侧面反映了社会网络中的特殊信任对民间借贷具有的积极效应，但由于特殊信任的边界性，当民间借贷范围扩大，出借人和借款人的社会网络并没有交集，借贷双方交易的信任基础不存在，违约概率大大提高。

6.2.1.3　惩罚机制

社会网络对民间借贷违约的惩罚机制主要是声誉机制。在一定范围内，违约信息扩散很快，借款人的不良信誉将影响其以后的生产与生活。数据库的案例

中，多数民间借贷行为始于“熟人”，范围很小。在熟人网络中借贷，出借人对借款人非常熟悉，或者通过其他途径证实借款人信誉良好，通常认为风险可控。从借款人的角度讲，无论是不是真实投资还是非法集资，在借贷初期，由于涉及人数较少，借款人担心违约后会遭到严重的社会排斥，以至于在熟人圈子里抬不起头，因此，借款人会因社会网络潜在的惩罚机制，选择积极履约。例如，在《林凤良非法集资案引发的危机》案例中，有如下描述：“林凤良一直信守承诺，从来没有人在他那里拿不到利息，十几年间也从来没听说过泉港区发生过针对他的挤兑风暴……邻近的一些村子都往他那儿存了，以槐山村为中心逐渐向外围扩散……我自己也是听槐山村的亲戚告诉后才知道有这么个人和这么个公司的。”刘成山说。在他之前，无数人已经替他们“下水”试了深浅，验证了一条万无一失的财路，实在没有理由拒绝他。由此可见，社会网络的惩罚机制，保证了林凤良的民间借贷行为顺利进行，同时也有效约束了借贷初期借款人的违约行为。

6.2.2　社会资本对涉众型民间借贷违约的消极影响

涉众型民间借贷的特点之一是“超范围”，借贷的违约风险随着范围的扩张而明显上升，使原本社会资本带给民间借贷的积极影响，变成了消极影响，主要也体现在信息、信任和惩罚机制三个方面。

6.2.2.1　信息传递机制受阻

在一定范围内，熟人之间有充分对称的信息，使借贷发生并极易控制风险。而借贷范围扩大，社会网络成员增加，信息传递受阻，且难以甄别信息真假，此时，社会网络的信息传递机制失效，信息的真实性无法得到保障，借贷风险增加。

从案例数据库中，许多案例有因借贷范围扩大而导致违约的情形。例如，在案例《南充“醋王”非法集资2678万获刑》中描述如下：杜春林以个人名义找民间35个人，借了180万元左右，月利息3～5分；以给予高息回报，向亲戚、朋友并通过他们介绍对外大量非法募集资金累计共2678万元。“借钱给他（杜春林）的人都是通过熟人介绍熟人，亲戚介绍亲戚的方式认识的”，截至案发前，已经支付了一千多万元的利息，仍有185名债权人的2478万元尚未返还。在本案例中，最初债务人以真实的投资向亲友借款，债权人都是熟识的人，而通过熟人、亲戚再向外扩张借贷网络时，债权人的信息无法再保证真实，借款额度急剧增加，债权人因高息利诱将钱借给不熟悉的债务人，但是并不了解债务人的投资是否真实，加之有“洗脚、保健按摩、洗澡等方式作为奖励”，债务人的借贷风险被扩大的社会网络以及奖励等方式暂时隐藏，实际上债权人和债务人之间的信息不对称更加严重，最后借贷风险逐渐累积以至于发生违约。

因借贷范围扩大导致的信息不对称，有时为债务人主观欺骗行为提供了条件。具有便利身份的个人或企业，通常以精英的身份获得政府的支持，或者存在夸大其词的“虚假包装”，在宣传时，也成为吸引众人的关键，而债权主体难以辨别信息真假，加之当信息传递范围较广，或者信息传递方式脱离社会网络时，就为民间借贷的违约埋下隐患。例如，在案例《非法集资 1.2 亿南宁“通五洲”案》中，有如下描述：为吸引“投资”者，覃家云花大力气对公司进行“包装”，称公司在深圳、北京设有办事处，在北京还有科研生产基地；公司研制的木瓜蛋白酶再生产医药新产品属国内首创、世界领先的高科技产品；公司有六千万亩的木瓜种植基地，还拥有生产经营野生稔子酒的酒业公司，等等。越来越多的人开始把资金投入“通五洲”。在写给“股民”的收款凭据上用“借款”一词代替了“集资”，并与股民们签订“还款协议书”。当信息不再真实，或者债权人无法辨别信息真伪时，眼花缭乱的广告、高息的吸引，大大降低了债权人增加成本甄别信息的意愿。

涉众型民间借贷中债权人的“金字塔”结构也增加了违约风险。从社会资本的角度看，当债权人数增多、人员复杂化后，信息传递的效率就会降低，且信息传递在不同层级之间传播甚至可能歪曲。上一层的债权人也是下一层债权人的债务人，形成连环债务链条，各级债权人有时并不完全掌握资金去向，借贷违约风险大大增加。从案例库中也可发现，多数涉众型民间集资活动的风险都发生在债权人数过度增加的借贷圈子里。例如，在案例《河北“庞氏骗局”崩塌：非法集资 80 多亿元》中，河北邢台隆尧县三地农民专业合作社发展 7 年，涉及全国 16 个省份，非法集资 80 多亿元，人数超过 10 万人。合作社采取收取新入社社员的本金，偿还上一个社员投入资金利润的方式，没有实体项目支撑，经过一段时间，资金漏洞越来越大，最终发生风险。

随着经济发展，信息传播渠道增多，信息传播技术迅速发展，涉众型民间借贷的形式越来越多样化，如期货、黄金等金融市场工具，加上互联网技术的使用，使借贷风险更加隐蔽和难以控制。例如，在案例《电子黄金投资集团非法集资案》中，美国电子黄金投资集团对外宣称是美国佛罗里达州 e - gold 国际集团下属的综合性投资理财金融机构，该集团利用互联网平台，采取类似金字塔式传

销方式，会员只需在该集团网站注册一个免费账户，或接受拥有账号会员转让的一定金额资金，即可进行投资。该集团给出的日收益率高达1.2%～1.7%，月收益率高达40%～60%。

6.2.2.2 信任结构转向逐利结构

特殊信任具有边界性。当在一定范围内，通过信任关系进行民间借贷，通常是直接的借贷关系。随着借贷需求的增加，而个人的资本有限，借贷网络急需扩大时，民间借贷中的“中介”作用将增强，“中间人”以占据结构洞的位置坐享其成，出借人和借款人之间可能是陌生关系，双方唯利是图，利息级差层级增加，借贷关系所依赖的信任结构演变为一种存在利差的逐利结构，个人逐利的利益驱动吸引着越来越多的投机者，从而形成引发借贷的群体效应，导致个人借贷风险逐步演变成民间借贷区域风险。在案例《建阳现特大非法集资案件》中，2008年5月开始，刘某以与建阳一家木业公司做木材套票生意为由，向周边熟人集资，声称“一起发财”。随着资金在多人之间层层转借，逐步形成了以项某、谢某等为主线的类似于传销模式的上下线链条，整个链条的各个层级所获收益不等，资金拆借者最少能拿到月息1.5%～2%，高的甚至高达月息8%～9%。而当债务主体受到冲击而难以维持财务收支平衡，导致无法偿还高息债务时，连串式的违约就会爆发。

另外，在实体经济获利空间狭小、银行储蓄利率偏低、通货膨胀水平高企、证券市场长期低迷、房地产行业政策调控等背景下，为了追逐高收益，民间资本大量涌入民间借贷市场。数据库的案例显示，债权主体不仅有个人、民营中小微企业，还有部分国有企业和商业银行，债权人职业层级复杂，有退休人员、工人、农民，还有商人、企业负责人、公职人员和政府官员。例如，案例《甘肃3300人非法集资案调查》中，在3300多位债务人中，90%以上是中老年人，集资人主要为高校教师、退休工人、个体户、铁路职工、军队离退休人员等。这种现象不仅为涉众型民间借贷提供了规模庞大的债权主体，也导致借贷网络成员身份十分复杂，难以建立信任关系，为集资诈骗者创造了机会。涉众型民间借贷发生违约时，多数是非法集资的性质，面向不特定的公众非法吸收存款，这已经决定了信任关系网络不可能存在，而是高息利诱下的逐利行为，风险发生只是时间上的问题。

6.2.2.3 惩罚机制失效

借贷网络范围扩大，成员流动性增强，信息传递效率变得低下，加之民间借贷主体的复杂，带来的影响之一就是传统的伦理道德和声誉机制作用下降，社会惩罚约束力下降。由于民间借贷的范围扩大，债权人和债务人往往没有直接的社会关系，全靠一级级的中介连接起来，信息传递效率低下，信息真实性存疑，而债务人在资金链断裂或出现其他风险时，可以提前携款潜逃，加剧了民间借贷的不稳定性。

在案例数据库中，典型的案例是《浙江王菊凤非法集资4.7亿余元》，王菊凤最初因出口羊毛衫，只向自己的姐姐、曾经的狱友等借款，在一定范围内经营的自己的生意。后因生意亏损，王菊凤开始精心管理自己的“关系网”，通过朋友介绍、搓麻将、搞酒店装潢结识新的债务人，并取得他们的信任。王菊凤集资的对象很多是“中间人”，即王菊凤通过中间人，快速扩大了集资范围。作为债务人，难以得到所有债权人的真实信息，而债权人本身也处于一级级的集资层级中，难以控制其他债权人的行为，由于不在共同的熟人关系网内，即使债务人发生违约，债权人也难以使用声誉机制惩罚债务人。

更有甚者，债务人形成合谋组织，将民间借贷的违约风险放大。在案例《浙江玻璃48亿元“非法吸存”庭前幕后》中，浙江玻璃需要大量资金，以高管、财务人员为主成立了一个“民间借贷团”，向三类人群集资：第一类为与光宇集团有业务交往的企业及个人；第二类为与冯光成、宋宇、谢勇、李国军、徐炳校有交往的企业与个人；第三类为与他们原本无交往，但出于光宇集团集资的目的，经他人居间介绍的社会不特定的企业及个人。风险发生时，各类借款对象均受到影响，而在追责时，却出现扯皮问题。在该案例中，宋宇、谢勇、李国军、徐炳校交代，他们受冯光成的指派以光宇集团的名义，向社会有资金周转能力的对象借款。而冯光成认为，债权人多集中于杭州、绍兴及金华等地，双方多为熟识关系，而非向不特定人群吸收资金。可见，违约的发生无不与借贷范围扩大、惩罚机制失效有关。

6.3 案例总结

通过对数据库中案例的分析，社会资本对涉众型民间借贷违约的影响机理错综复杂。从理论分析来看，社会资本影响民间借贷的机制包括社会网络的信息传

递机制、一定范围内的特殊信任机制以及一定范围内声誉惩罚机制。所有机制发挥积极作用的前提条件是：社会网络规模。在一定的社会网络范围内，信息收集和甄别成本较低，特殊信任才存在，声誉惩罚机制才能发挥作用。当借贷关系超出一定的借贷网络范围，信息传递有效性降低，在普遍信任尚未完全建立的情况下，声誉惩罚机制发挥的约束效力有限。案例库的资料显示，随着网络通信等信息技术的快速发展，社会转型下社会流动性的增强，涉众型民间借贷的债权人数大大增加，借贷关系从“熟人”扩展到陌生人之间，层级式的“庞氏骗局”占多数，拥有社会给予“象征资本”的社会精英通过各种渠道获得外界甚至是政府的认可，为非法的集资活动穿上“合法”的外衣。从以上的案例分析可以看出，社会资本对民间借贷的积极影响主要有：第一，民间借贷在一定范围内具有信息优势，能够发挥信息收集和甄别的功能，且信息收集速度快、成本低；第二，从传统的亲缘、地缘社会网络中的个人、企业信用，直至政府信用，特殊信任都是民间借贷的基础，是其发展的前提；第三，在一定的借贷范围内，重复博弈的考虑使债务人不会轻易违约，声誉机制降低了民间借贷违约的发生概率。

然而，涉众型民间借贷的发展却更多呈现出社会资本对民间借贷的消极影响：第一，借贷网络范围的扩大，使信息传递效率降低，更重要的是，为债务人信息造假提供了便利，阻碍了债权人辨别信息的真假；第二，拥有资金的民间集资主体变成了“中介”，占据了“结构洞”优势，缺乏资金的个体不再主要考虑特殊信任关系，逐利结构代替了信任结构，陌生人借贷关系变得普遍，大幅增加了民间借贷的风险；第三，“熟人社会”的声誉机制之所以可以约束借贷行为，主要是基于重复博弈，而当借贷网络范围扩大，陌生人借贷增加，声誉机制在陌生人之间很难发挥作用，同时违约的成本降低，“跑路”变成债务人更加“合理”的选择；第四，涉众型借贷网络的结构洞不断扩展和叠加时，借贷关系更加错综复杂，借贷双方原先依赖的信任、关系等社会资本出现异化，双方之间的关系、信任弱化，社会惩罚机制失效，从而极易引发群体性的借贷违约事件。

第7章　社会资本视域下防控民间借贷风险的路径选择

综合三个维度的结论可知，我国民间借贷确实呈现出向弱关系生产性借贷发展的趋势，且在这一趋势中，社会网络对民间借贷风险的防控作用出现了弱化，但家庭社会资本的积累在总体上有利于控制民间借贷风险，其中，声誉机制能有效激励生产性借贷的借款人按期还款，有助于降低民间借贷风险；而对生活性借贷而言，则可以通过金融教育推动借款人遵守借贷行为规范，也可以通过约束提高借款人还款意愿，进而实现对民间借贷风险的防控。在此基础上，本书尝试从民间借贷主体、政府层面提出建构稳定且信任水平高的社会网络、发展近距离或依托熟人关系的民间借贷、建立健全借贷监督和社会惩罚机制、加强法律金融知识宣传及普及、培育诚实守信文化、加快完善社会信用体系建设、建立健全涉众型民间借贷防控与监管机制、建立健全民间投融资信息共享机制等路径，为防范民间借贷风险，促进民间借贷规范化发展提供有价值的参考。

7.1　建构稳定且信任水平高的社会网络

社会关系网络规模大小并不一定影响民间借贷风险，但有效的社会关系网络对民间借贷风险具有显著的负向影响。因此，积极建构稳定的、信任水平高的有效社会关系网络，对降低民间借贷风险具有积极作用。首先，需要建立更高水平的普遍信任网络。借贷主体应该在广泛的社会活动中传递有效信息和遵守诚信规则，积极宣传自我，超出熟人圈子建立更高水平的制度信任，增强借贷主体社会关系网络的异质性，提高网络的质量。其次，需要建立稳定的关系网络。当今社会外部环境瞬息万变，经济的发展、信息技术的更新、管理体制的优化、社会人员流动性加强、社会结构变迁加快都给借贷主体带来了很大的不确定性，这就需要借贷主体有很强的外部感知性，此时借贷主体稳定的网络关系就显得尤为重要。在新型的社会关系网络中拥有稳定的借贷网络、畅通的融资渠道、长期稳定的合作伙伴，对降低民间融资风险具有重要的作用。再次，应注重人际关系中有效社会网络的维持与构建。应积极构建有效的社会关系网络，避免社会网络规模扩大化。民间借贷出借者可以根据借款人的有效社会网络规模来甄别和防控风险，避免过度扩大民间借贷放贷范围。最后，积极提高社会关系网络成员互动性。网络成员互动频繁，不仅能够降低信息不对称程度，还有助于提高网络成员的互信水平，降低可能由信息不对称和不信任产生的交易成本和风险发生概率。因此，一方面，可以通过传统如面对面沟通交流方式提高网络成员互动的深度；另一方面，应积极通过移动通信、互联网等新型交流方式提高网络成员互动的频度，从而保证网络成员互动的频率和质量，降低民间借贷风险。

7.2 发展近距离或依托熟人关系的民间借贷

在一定的借贷范围内，由于地缘、血缘、亲缘等关系的作用，民间借贷相比正规金融具有很强的信息优势，更有助于降低信息不对称程度和借贷风险。本书的理论和实证部分都证明了借贷区域范围过大或超越熟人关系，借贷风险越高。因此，鼓励和发展近距离或依托熟人关系的民间借贷，通过借贷双方保持长期、密切且相对封闭的借贷圈子，有助于降低民间借贷风险。一是严厉打击“资金掮客”。近年来，在实体经济疲弱、商业银行不良贷款居高不下的背景下，各类“资金掮客”大行其道。“资金掮客”是指在金融活动中从事非法居间行为的经济主体，尽管不具备相应法律资格，但却能在出资人、用资人和金融机构之间灵活腾挪，非法收取高额中介费用。“资金掮客”的大量存在导致借贷链条复杂化、借贷圈子扩大、借贷链条延长，大大助推了民间借贷风险。因此，建议对非法居间行为经济主体的借贷加强监管，一旦发现违规借贷行为，立即报告相关部门，及时制止并采取惩罚措施，情节严重的付诸法律制裁，以防止民间借贷范围和规模过大而发展成涉众型借贷，阻止金融风险向实体经济的传导路径。二是探索民间资本成立社区性民间金融组织。社区民间金融组织能够充分利用地缘、血缘、人缘等关系形成的特殊信任，利用社区范围内的频繁联系、信息共享以及重复交易所形成的合作规范克服信息不对称，社区成员长期积累的人际关系信任有助于降低交易成本、提高借贷交易效率，从而保证民间借贷契约的执行。因此，积极鼓励与引导有条件的地区以街道、乡（镇）、村为单位成立社区性民间金融组织，推动民间金融阳光化，给予其合法生存和有序发展空间，发挥其在一定地域范围内的“熟人社会”或“半熟人社会”的优势。三是积极引导专业合作社、专业协会等经济合作组织开展内部信用合作。经济合作组织通过经济纽带和社会纽带将成员组织起来开展经济活动，充分利用社会资本属性为成员提供各种帮助，同时，成员之间的互利合作行为也为内部信用合作开展提供了重要的条件，因此，建议引导经济合作组织开展内部借贷活动，明确界定借贷范围、服务宗旨和服务对象，禁止跨出合作组织开展借贷活动，禁止对非合作组织成员开展借贷活动。四是合理引导各类民间金融发展。对于传统的民间金融形式如标会或合会，建议各级政府出台相关制度，明确规定会员规模、会金上限和利率等，防止标会窜会或规模过大出现倒会风险等。对新型的民间金融形式如 P2P，建议充分利用大数据优势，尽快建立健全 P2P 评级指标体系，由各级金融办对 P2P 每半年进行评级一次，及时发布 P2P 评级情况，督促 P2P 规范经营，防止 P2P 经营规模过大。

7.3 建立健全借贷监督和社会惩罚机制

民间借贷活动更多的是建立于地缘、血缘或者亲缘等熟人关系基础之上的，由于其非官方、形式复杂多样、缔约方式简单灵活等特点，现有的官方借贷监督和社会惩罚机制用于防范民间借贷风险往往失效。实证研究发现，建立于地缘、血缘或者亲缘关系基础之上的民间借贷不仅具有克服借贷双方信息不对称的作用，还具有促使成员遵守社会准则等优势，有利于降低民间借贷风险。但强社会关系对民间借贷风险的防范并非都具有积极的影响，由于“信息冗余”的存在反而会加剧民间借贷风险，这一点在运用 2013 年 CHFS 数据的实证分析结果中

得到证实。可见，社会资本对于民间借贷风险的影响具有两面性，因此，建议在现有的官方借贷监督和社会惩罚机制之上完善第三方的借贷监督与社会惩罚机制。一是发挥社区治理的作用，建议村委会、社区居委会等平台对民间借贷违约及风险信息进行告示，利用“声誉机制”迫使借贷双方遵守借贷规则，且有利于群众之间相互监督，发挥公众监督的力量。二是建立民间借贷自律组织并形成适合当地的民间借贷惩罚机制，即通过民间借贷自律组织形成民间借贷反违约同盟，并结合地缘、血缘优势制定适合地方特点的民间借贷监督与惩罚机制，促进社会规范的形成，使对民间借贷风险的管控更具针对性、有效性及自发性，减少惩罚成本，具体措施为：①设立当地民间借贷“黑名单”制度，形成上有官方的信用体系和信用惩戒制度，下有民间的监督与惩罚制度，提高民间借贷违约成本。②出台地方性的民间借贷自律惩罚条例及民间借贷准则等，形成民间借贷的行为规范，使借贷双方明确各自权利义务，有利于在民间借贷过程中进行自我约束，在违约惩罚时有据可依。③鼓励与内化遵守民间借贷准则的群体性规范，具体可通过加强对社会公众的道德观及民间借贷风险防控方法的宣传力度、增强民众的道德水平及对民间借贷的风险防范意识，发挥社会资本的“群体惩罚”的作用，培养社会公众在民间借贷中遵循“有借有还”的良好借贷习惯及订立借贷合同的契约精神，推动民间借贷从“熟人社会”向“契约社会”过渡，以减轻强关系对民间借贷的负面影响，从而推动民间借贷理性化发展，有利于降低民间借贷风险及在风险发生时减少不必要的违约成本，同时，通过契约精神的普及可在一定程度上克服“信息冗余”所带来的借贷风险问题。④引入基于大数据的第三方监督机构发展，第三方监督机构在充分利用地缘、血缘或亲缘等关系的基础上，结合互联网发展的优势，依托大数据建立第三方监督机构发挥对民间借贷的监督作用。

7.4　加强法律金融知识宣传及普及

诸如人情、面子、名声等传统的社会规范不仅具有“担保”功能，还具有社会惩罚功能，但随着借贷网络范围的扩大，传统的伦理道德、面子、声誉等的约束力下降。嵌入在关系中的民间借贷行为，无论是强关系还是弱关系，如果只靠道德约束，容易产生违约现象。运用2013年CHFS数据的实证分析结果证实了接受过金融知识等的相关教育对民间借贷风险具有显著的负向影响，这说明金融、法律等认知水平越高，民间借贷风险越低。因此，建议加强对社会公众金融知识和法律知识的宣传普及，特别是加强非法金融活动给个人和社会带来危害性的认识教育，提高公众的风险识别和防范能力，可以有效地降低民间借贷违约问题。一是加强金融知识的普适教育，可以通过传统渠道如报纸、电视、微信平台、移动客户端等方式进行宣讲，也可以借助于互联网开展社会公众金融知识教育，积极引导公众摒弃贪图一夜暴富的心理，引导公众建立健康良好的投资心态，提高公众风险管理意识和自我保护意识。二是加强对民间融资相关法律法规的宣传，可以通过“多渠道，广覆盖”，诸如借助网站、微信公众号、移动客户端、公共交通广告等形式的手段发布民间融资等相关信息，宣传有关民间融资的法律法规，提高公众法律意识，完善民间借贷手续，并且通过典型案例形式对民间借贷中存在的法律风险，非法民间借贷所带来的法律后果进行讲解，提高公众对非法民间借贷的认识。三是重点加强对非法集资和金融诈骗的宣传报道。从近两年发生的非法集资案件和金融诈骗案件看，新型非法集资和金融诈骗通常披着互联网金融、财富管理等各种时尚的外衣，利用众筹、理财、文化投资、项目投资等金融术语，用高息向社会公众募集资金，且呈现融资网络规模跨区化、成员复杂化等明显现象，因此，加强对非法集资活动和金融诈骗的典型案例进行报道，对非法集资和金融诈骗出现的方式、特征，利用有关网站、移动客户端、户外媒体等手段进行及时、必要的提示和公告，提高公众自我识别金融风险能力和防控金融风险意识。

7.5 培育诚实守信文化

加强诚信文化建设，一方面有利于提高社会信任水平，另一方面有助于培育借贷主体自觉遵守诚信规则，营造诚实守信文化氛围，不仅可以减少民间借贷“杀熟”现象，也可以降低民间借贷风险。因此，建议从多方面加强诚信文化建设，营造诚实守信文化氛围。一是加快出台《民间借贷失信人惩戒条例》，发挥政府部门、金融机构、司法机关、民间自律组织等联动优势，推动联合制裁。建议借鉴逃废银行债的“老赖”惩处制度，不仅要大张旗鼓地运用法律手段惩处一批“老赖”，还要广泛地通过媒体公示一批逃废债机构、个人失信人信息名单，形成逃废债可耻的舆论氛围。二是加强信用宣传教育，增强社会公众诚信意识。市场经济是信用经济，企业和个人信用是市场交易行为有序运作的重要保证。对于中小企业而言，信用状况是其融资难的一个重要制约因素。对于农民而言，普遍缺乏可资担保的财产，信用成为其融资的重要依据。因此，建议加强诚实、守信的教育宣传，形成信用的价值共识。通过新媒体、公共交通系统、标语等多种方式广泛地进行诚信教育，宣传信用的社会价值和商业价值，强化社会公众的诚信意识和契约观念。三是建议加强优秀传统文化熏陶，培养良好的个人品行。建议利用各种教育和培训机会有意识地学习中华民族优秀文化，提高文化素质，增加个人的社会责任感，同时，通过工作交往以及生产经营、借贷等行为中践行优秀传统文化，将中华民族的优秀文化渗透到生活和生产之中。

7.6　加快完善社会信用体系建设

随着社会人口流动性加强，社会结构变迁加快，传统的基于人际关系的信任越来越难以发挥有效作用，建议尽快完善社会信用体系，提高全社会的信任水平，建立普遍信任制度。一是加强社区化的信用体系建设，尝试将民间借贷信息纳入个人征信报告。大力推进民间投融资机构的信用评级工作，健全企业和个人信用管理制度，逐步建立与中国人民银行征信系统、企业信用信息平台互为补充的民间融资信用体系。二是建立社会信用档案制度，将民间借贷失信被执行人信息作为重要信用评价指标纳入社会信用评价体系。三是构建基于大数据的信用评级系统，支持第三方信用评级机构发展，规范与培育信用评级市场发展。加强信用体系建设地方立法工作，依法推进信用信息在采集、共享、使用、公开等环节的分类管理，加快构建守信激励和失信惩戒机制。四是借助于区块链，解决农村信用体系建设难题。由于农村信用及信用供给量小且零散，使农村信用主体的信用信息收集面临成本高、收集难度大的问题。此外，不同地区间、不同部门间如工商、税务、电信等部门的信息口径不同，使各自存有的征信信息割裂的问题严重，导致不同地区和不同部门之间的征信信息难以互通。为解决农村信用体系建设存在的难题，建议在农村征信体系建设过程中引进区块链技术。借助区块链的“去中心化”、开放性及信息不可篡改等特性，有利于解决农村量小零散信用信息收集困难的问题，同时通过建立类似于“分布式账本技术”的农村信用体系平台，借助多地、多方共同审核信用信息的方式，统一各地、各部门间的信息口径，使农村信用体系中的信用信息得以互通，以激活农村信用体系，使其发挥征信平台的真正作用。五是完善信用奖惩机制，强化信用约束力。制定完善相关办法，对于已登记、合法的民间借贷予以支持，建立完善守信激励及失信惩戒机制，充分发挥政府优惠政策在鼓励守信方面的作用，规范实施各政府部门对失信行为的联动惩戒措施，形成信用制约的社会合力。同时，建议将民间借贷失信人信用记录与家庭核心成员信用记录挂钩，并将信用记录与农业补贴、享受低保、银行贷款和购房建房等挂钩，提高失信人失信成本。

7.7 建立健全涉众型民间借贷防控与监管机制

涉众型民间借贷典型特征是借贷网络范围大、跨区融资、危害波及面大、风险高。因此，一是加强对跨区大额民间借贷的监测，建议尽快建立跨区民间借贷监测与协调机制，建立异地实时跟踪系统，对大额跨区借贷进行实时监测和跟踪。二是严厉打击非法集资和金融诈骗，加强治理非法集资和金融诈骗等乱象，尤其是农村金融领域出现的金融乱象，明确监管职责，强化监督检查。建议进一步明确打击农村非法集资和金融诈骗牵头部门的责任，明确相关金融服务公司的监管职能部门，同时还应针对当前互联网金融出现的问题，制定更加完善的监管政策。三是严肃法律责任。及时依法处理涉及非法集资和金融诈骗案件引发的民事纠纷，明确刑事民事交叉案件的具体法律界限，杜绝以维稳名义实施损害相关当事人包括金融机构的合法权益行为，妥善处理因涉及非法集资和金融诈骗引发的房产抵押、动产担保包括保证金等涉及担保公司、银行业金融机构合法权益的纠纷。对为非法集资和金融诈骗站台背书的党员领导干部依法依规进行严肃处理，构成犯罪的应移交司法机关依法惩处。四是明确涉众型民间借贷的监管主体及职责。涉众型民间借贷危害性大，建议地方政府、银监、工商管理等部门明确职责，分工协作，加强监管。建议地方层面由地方政府负责对涉众型民间借贷进

行监管，其中金融办起核心作用，其他相关地方政府部门（如银监、工商管理部门、商务部门、经信委等）则可根据各自职责，对所分管的涉众型民间借贷活动实施日常监管。

7.8　建立健全民间投融资信息共享机制

上述理论和实证分析结果表明，民间借贷网络范围扩大，导致信息传导机制受阻，是民间借贷风险产生的重要原因之一。因此，建议尽快健全民间投融资信息共享机制，促进民间投融资信息有序扩展。一是改善和推进交通运输及信息基础设施建设，实现互联网、通信、信息等技术的普及，降低交通成本及互联网通信等相关费用，提高信息收集的效率和降低借贷监督及惩罚成本。二是建立健全民间借贷登记服务体系，完善并普及民间借贷登记备案制度，完善民间借贷登记管理制度，强化民间借贷综合服务、跟踪监管和司法保障，逐步推动民间融资规范化、阳光化。三是及时发布民间借贷纠纷及非法集资等违法犯罪惩处信息，建议各级法院设立“金融法庭”，开通“快立快审快判快执”绿色通道，依法妥善审理涉及民间借贷纠纷案件，加大对非法集资等违法犯罪行为的惩处力度，及时发布民间借贷违法犯罪惩处信息，加快推进失信被执行人信用信息共享机制建设，建立健全政府与征信机构、信用评级机构、金融机构、社会组织之间的信用信息共享机制，维护竞争有序的民间融资环境，有效引导民间金融规范发展。四是加快设立民间投资信息发布平台。加强引导大量存在且规模较小、相对分散的民间资本有序投资和服务实体经济，有效解决其投资渠道不畅、投资品种较少等问题，消除其因资金炒作和空转以及给民间借贷带来的风险。五是建立健全民间金融信息共享机制，尽快统一民间金融信息的标准，各地市根据统一的标准，选择代表性地区为监测点，及时发布民间金融信息，公布各市民间金融生态指数。六是加快建设多层次、各行业相融的信息平台，建议建立由省级、设区市公共信用信息平台和行业信用信息系统纵横联通的省级公共信用信息系统，构建省级信用信息资源共享平台，争取各类信用信息早日实现全部互联互通。

第 8 章　研究结论与展望

8.1　研究结论

本书通过构建社会资本与民间借贷风险的理论分析框架，从社会关系网络的信息机制、信任机制、社会惩罚机制三个层面剖析社会资本影响民间借贷风险的直接机理，通过收入机制和社会关系机制两个层面分析社会资本影响民间借贷风险的间接机理，从而为实证研究提供理论依据，进一步通过采用 2013 年中国家庭金融调查数据、2013 年 1 月 ~2014 年 9 月法院观察点数据、公开披露的 1989 ~2015 年 354 个涉众型民间借贷违约案例进行实证分析，在此基础上，从社会资本角度提出防控民间借贷风险的思路与路径，主要研究结论如下。

8.1.1　有效社会关系网络规模对民间借贷风险有负向影响

理论上，社会关系网络通过信息机制来降低出借人与借款人之间存在的信息不对称程度，从而降低民间借贷风险。借款人家庭社会关系网络通过直接影响和间接影响机理对民间借贷风险产生影响，一般而言，网络规模越大，借贷风险越小。基于 2013 年 CHFS 数据的定量分析结果却表明，借款人家庭社会网络规模对民间借贷风险的影响在统计上不显著，但家庭的有效社会网络越大越能够有效降低民间借贷风险，即家庭每年在社交方面的投资总额越大，民间借贷风险越低，尤其是生活性借贷风险越低。

8.1.2　强社会关系对民间借贷风险的影响具有两面性

理论上，借贷双方关系一方面影响出借人收集和甄别信息的有效性，另一方面也影响民间借贷违约的社会惩罚效力，可以说，借贷双方关系是影响民间借贷信息不对称程度的关键因素，也是影响借贷风险的重要因素。基于法院观察点240个民间借贷纠纷案例访谈数据的定量分析整体结果表明，借贷双方关系紧密，有助于减小违约风险，进一步用子样本回归，结果发现，在利率为2%及以上的借贷中，关系对违约率具有显著的负向影响；在本金低于100万元的借贷中，关系对违约率的影响程度显著为负。然而，借贷双方的关系并非越紧密越好，强关系社会网络由于存在信息冗余，使借贷过程受到其他因素（亲情、友情）的干扰，反而加大民间借贷风险。基于2013年CHFS数据的实证分析结果证实，家庭社会网络对于民间借贷风险的作用并不都是积极的，强社会关系网络借贷使民间借贷风险加大。采用240个民间借贷纠纷案例访谈数据的子样本进一步进行定量分析，结果证实，在利率低于2%的强关系借贷中，民间借贷双方关系越紧密，违约风险越高，这说明民间借贷"杀熟"现象并不少见，也验证了社会资本具有消极功能。

8.1.3　借贷网络范围对民间借贷风险有正向影响

借贷网络范围大小影响信息不对称程度，当借贷关系超出一定的借贷网络范围，信息传递有效性降低，信息不对称程度加大，且由于特殊信任具有边界性，在超出一定的借贷网络范围内特殊信任未能发挥有效作用，声誉惩罚机制也因此失效，民间借贷风险增加。基于354个涉众型民间借贷违约案例的分析表明，借贷网络范围越大，违约风险越高，从而论证了跨地域和陌生关系融资的高风险性。

8.1.4　信任程度对民间借贷风险有负向影响

理论分析表明，信任有助于降低借贷市场中长期存在的逆向选择和道德风险问题，信任水平越高，民间借贷风险越低。由于中国的人际关系信任主要来自"熟人"社会，总体社会信任感低，普遍信任（即制度信任）尚未完全建立，正处于从特殊信任向普遍信任过渡的转型阶段，而特殊信任又具有边界性，一旦借贷范围超出基于血缘、亲缘、姻缘等的人际关系网络，特殊信任难以发挥有效作用，民间借贷风险随即增加，因此，信任程度不同对民间借贷风险的影响程度不同。基于2013年CHFS数据的实证分析结果证实，借款人家庭与正规机构建立较好的信任关系，信任水平越高，在民间借贷还款时越倾向于按期还款，借贷风险较小。354个涉众型民间借贷违约案例分析也表明，借贷网络范围扩大使陌生人借贷变得更加普遍，民间借贷的基础即特殊信任无法发挥有效作用，借贷从以信任为基础逐步向逐利行为转变，在普遍信任缺失的情况下，民间借贷违约风险加大。由此可见，提高全社会的信任水平，尽快建立制度信任，有助于降低民间借贷风险。

8.1.5 社会规范约束程度对民间借贷风险有负向影响

理论上，社会规范能够对借贷主体产生较强的约束力和规范力。但随着借贷网络范围扩大，借贷主体更加复杂，传统的伦理道德、礼俗、“面子”等社会规范的作用下降，社会惩罚约束力也大大下降，声誉机制失效，民间借贷风险增加。基于2013年CHFS数据的实证分析结果表明，接受过金融知识的相关教育对民间借贷风险具有显著的负向影响，说明接受过相关金融知识教育的家庭对于金融知识较为了解，金融认知水平较高，对于未按期还款的危害更为清楚，从而警示其按期还款。354个涉众型民间借贷违约案例分析进一步表明，在一定的借贷网络范围内，社会规范具有惩罚作用，但当借贷范围扩大，社会规范的惩罚机制失效。

8.1.6 社会资本对不同类型民间借贷风险有异质性影响

为进一步研究不同维度的社会资本对不同类型民间借贷风险的影响，本书针对其对应的生活性借贷和生产性借贷样本进行回归分析，定量分析结果表明：①家庭接受过金融知识的相关教育对生活性民间借贷风险有显著负向影响，而对生产性民间借贷风险没有显著影响，即社会规范对生活性借贷主体的约束力更强；②家庭的有效社会关系网络越大越能够降低生活性借贷风险；③强关系网络使生活性借贷风险加大；④与正规金融机构的信任有助于降低生产性借贷风险，同时也反映在生活性借贷样本中，家庭更注重有效社会网络的构建；而在生产性借贷样本中，家庭更注重与正规金融机构间信任的构建；⑤社会规范约束力的高低对生产性借贷风险的影响大于生活性借贷风险；⑥家庭近亲党员比例高低对于生产性借贷风险的影响大于生活性借贷风险，说明家庭为了发展生产，降低借贷

风险，更加注重社会规范的约束作用。综合上述结论可知，首先，我国民间借贷确实呈现出向弱关系生产性借贷发展的趋势，且在这一趋势中，社会网络对民间借贷风险的防控作用出现了弱化。其次，声誉机制能有效激励生产性借贷的借款者按期还款，有助于减小民间借贷风险；对生活性借贷而言，则可以通过金融教育推动借款者遵守借贷行为规范，也可以通过约束提高借款者还款意愿，进而实现对民间借贷风险的防控。

8.1.7　社会资本视域下民间借贷风险防控的路径

基于理论与实证分析结果，本书从社会资本角度提出防控民间借贷风险的思路与实现路径：一是建构稳定且信任水平高的社会网络；二是发展近距离或依托熟人关系的民间借贷；三是建立健全依托地缘、血缘或者亲缘等熟人关系的借贷监督和社会惩罚机制；四是加强法律金融知识宣传及普及；五是培育诚实守信文化；六是加快完善社会信用体系建设；七是建立健全涉众型民间借贷防控与监管机制；八是建立健全民间投融资信息共享机制，以期为政府在制定规范民间金融发展、监测与防范民间金融风险、促进金融体制改革等方面决策提供科学的参考依据。

8.2　研究展望

本书作为民间借贷基础理论的一种探索性研究，书中仍然有许多有待进一步拓展的研究：①有效预警与防控民间借贷风险。由于民间借贷具有隐蔽性，调查难度大，尤其是民间借贷风险数据采集难度更大，宏观层面上的民间借贷风险数据更是难以获取，因此，能否获取宏观层面上民间借贷风险数据，是有效预警与防控民间借贷风险的关键。②社会资本视角下涉众型民间借贷违约机理研究。通过建立涉众型民间借贷违约案例库，抓住了涉众型民间借贷违约研究的核心，而如何进一步运用社会资本变迁理论系统分析涉众型民间借贷违约机理成为将来研究的重要方向。③有效检验社会资本变迁对涉众型民间借贷违约的影响及程度。由于难以有效衡量社会资本变迁，导致无法检验社会资本变迁对涉众型民间借贷违约风险的影响及程度，因此，构建有效的社会资本变迁指标体系，研究其对涉众型民间借贷违约的动态影响显得尤为重要。

附录1　表格汇总

附表1　样本数据统计

变量名及类型	特征	样本整体		生产性借贷样本		生活性借贷样本		Mean	S. Dev.	Min	Max
		数量特征	(%)	数量特征	(%)	数量特征	(%)				
因变量											
家庭最大一笔借款是否按期还款（多元）	按期还款	632	56.89	227	44.16	405	67.84	1.560756	0.7113298	1	3
	未开始还款	335	30.15	217	42.22	118	19.77				
	未按期还款	144	12.96	70	13.62	74	12.40				
家庭最大一笔借款是否按期还款（二元）	按期还款	632	56.89	227	44.16	405	67.84	0.5688569	0.4954591	0	1
	其他	479	43.41	287	55.84	192	32.16				
自变量											
能否从银行获得贷款	能	231	20.79	110	21.40	121	20.27	0.2079208	0.4060026	0	1
	不能	880	79.21	404	78.60	476	79.73				

续表

变量名及类型	特征	样本整体		生产性借贷样本		生活性借贷样本		Mean	S. Dev.	Min	Max
民间借贷是否获得他人担保	是	130	11. 70	79	15. 37	51	8. 54	0. 1170117	0. 321579	0	1
	否	981	88. 30	435	84. 63	546	91. 46				
同城亲戚个数	1	173	15. 59	77	14. 98	96	16. 11	2. 781081	1. 121076	1	4
	2	326	29. 37	132	25. 68	194	32. 55				
	3	182	16. 40	90	17. 51	92	15. 44				
	4	429	38. 25	215	41. 83	214	35. 90				
年拜访父母次数	平均数	130. 1839	—	138. 2385	—	123. 2626	—	130. 1839	126. 7813	0	999
Ln(年社会资本投资总额)	平均数	8. 448732	—	8. 518047	—	8. 389054	—	8. 448732	1. 258017	0	12. 7771
家庭最大一笔借款来源	从亲戚、合作伙伴等处借得	999	89. 92	445	86. 58	554	92. 80	0. 8991899	0. 3012127	0	1
	其他	112	10. 08	69	13. 42	43	7. 20				
是否接受过金融知识的相关教育	是	77	6. 93	36	7. 00	41	6. 87	0. 0693069	0. 2540897	0	1
	否	1034	93. 07	478	93. 00	556	93. 13				
家庭中近亲为党员比例（%）	平均数	3. 585363	—	2. 334634	—	4. 662206	—	3. 585363	7. 966182	0	66. 6667
家庭成员平均年龄	平均数	38. 09018	—	36. 36316	—	39. 5771	—	38. 09018	12. 13161	13. 375	84. 5

续表

变量名及类型	特征	样本整体		生产性借贷样本		生活性借贷样本		Mean	S. Dev.	Min	Max
家庭成员平均年龄的平方	平均数	1597. 905	—	1442. 343	—	1731. 84	—	1597. 905	1092. 14	178. 891	7140. 25
家庭劳动力比率	平均数	71. 704	—	73. 48509	—	70. 17053	—	71. 704	27. 20158	0	100
家庭中成年人中高中及以上学历比率（%）	平均数	35. 24442	—	30. 85419	—	39. 02429	—	35. 24442	35. 765	0	100
Ln（家庭中未还贷款数额）	平均数	6. 023307	—	7. 857505	—	4. 444116	—	6. 023307	5. 268368	0	19. 2486
Ln（家庭年总收入）	平均数	10. 1939	—	10. 60076	—	9. 843612	—	10. 1939	2. 179514	0	15. 2187
Ln（家庭总资产）	平均数	12. 23375	—	12. 11234	—	12. 33828	—	12. 23375	1. 716345	5. 24702	16. 6587
民间借贷性质	生活性	597	53. 74	—	—	—	—	0. 4626463	0. 4988273	0	1
	生产性	514	46. 26	—	—	—	—				
家庭年通信费用	平均数	2154. 779	—	2321. 86	—	2010. 927	—	2154. 779	3090. 903	0	72000
居住地点是否在农村	是	613	55. 18	335	65. 18	278	46. 57	0. 5517552	0. 4975382	0	1
	否	498	44. 82	179	34. 82	319	53. 43				
普通话水平	优秀	160	14. 40	144	28. 02	83	13. 90	0. 1440144	0. 3512625	0	1
	其他	951	85. 60	370	71. 98	514	86. 10				

附表 2 社会资本与民间借贷风险模型回归的完整结果

变量	Oprobit	Ivoprobit	
		First Stage	Second Stage
AFCredit	-0. 2962 *** (0. 0846)	-0. 0065 (0. 0516)	-0. 2618 *** (0. 0951)
Guaran	-0. 1683 (0. 1120)	0. 0857 (0. 1063)	-0. 1023 (0. 1526)
LRelatives	0. 0488 (0. 0518)	-0. 0229 (0. 0205)	0. 0334 (0. 0512)
ParenVisit	-0. 0004 (0. 0003)	-0. 0001 (0. 0003)	-0. 0004 (0. 0004)
LnTSSpen	-0. 0328 (0. 0425)	—	-0. 4800 *** (0. 0630)
SBorrowg	0. 3758 *** (0. 1016)	0. 0207 (0. 0834)	0. 3230 *** (0. 1049)
FinanEdu	-0. 4231 ** (0. 1928)	-0. 0098 (0. 1521)	-0. 3477 * (0. 1800)
CCPRatio	-0. 0007 (0. 0083)	0. 0022 (0. 0066)	0. 0008 (0. 0046)
PLabors	0. 0004 (0. 0008)	-0. 0005 (0. 0032)	0. 0001 (0. 0021)
AverAge	0. 0147 (0. 0170)	-0. 0109 (0. 0300)	0. 0075 (0. 0287)
AverAgeSqu	-0. 0002 (0. 0002)	0. 0001 (0. 0004)	-0. 0001 (0. 0003)
SBEdu	-0. 0016 * (0. 0009)	0. 0013 (0. 0015)	-0. 0005 (0. 0011)
Ln_ RLoan	0. 1237 *** (0. 0097)	0. 0185 *** (0. 0037)	0. 1126 *** (0. 0114)
Ln_ Income	-0. 0542 *** (0. 0078)	0. 0267 (0. 0191)	-0. 0274 * (0. 0163)
Ln_ TAsset	-0. 1204 *** (0. 0213)	0. 0901 *** (0. 0151)	-0. 0519 *** (0. 0060)

续表

变量	Oprobit	Ivoprobit	
		First Stage	Second Stage
PICredit	0. 1483 (0. 0961)	0. 0569 (0. 0855)	0. 1510 ** (0. 0695)
Communication Expenditure		0. 0001 *** (0. 0000)	
Mandarin Level		0. 0484 ** (0. 0192)	
Cut_ 1_ 1	−0. 6247 (0. 8946)		−3. 6166 *** (1. 0892)
Cut_ 1_ 2	0. 4993 (0. 9744)		−2. 6795 ** (1. 1974)
Lnsig_ 2			0. 1838 *** (0. 0192)
Atanhrho_ 12			0. 6262 *** (0. 0805)
地域固定效应	是		是
Waldχ^2 (3)	5. 52		28000000
Prob > χ^2 (3)	0. 0633		0. 0000
Pseudo R^2	0. 1465		
样本量	1109	1109	1109

注：①***、**、*分别代表1%、5%、10%的显著水平。②每列括号中的数字为固定于地域水平的稳健标准误（Robusted Std. Err.）。

附表3　民间借贷按期还款影响因素分析中稳健性检验回归的完整结果

变量	Probit	Ivoprobit	
		First Stage	Second Stage
AFCredit	0. 3901 *** (0. 0608)	−0. 0062 (0. 0508)	0. 2829 *** (0. 0731)
Guaran	0. 2984 ** (0. 1308)	0. 0853 (0. 1066)	0. 1474 (0. 1652)
LRelatives	−0. 0301 (0. 0610)	−0. 0230 (0. 0209)	−0. 0108 (0. 0469)

续表

变量	Probit	Ivoprobit	
		First Stage	Second Stage
ParenVisit	0. 0004 (0. 0004)	-0. 0001 (0. 0003)	0. 0004 (0. 0004)
LnTSSpen	0. 0170 (0. 0478)	—	0. 6200 *** (0. 0809)
SBorrowg	-0. 3825 ** (0. 1490)	0. 0198 (0. 0847)	-0. 2680 ** (0. 1309)
FinanEdu	0. 5372 *** (0. 1398)	-0. 0106 (0. 1510)	0. 3509 * (0. 2130)
CCPRatio	-0. 0001 (0. 0068)	0. 0022 (0. 0066)	-0. 0019 (0. 0015)
PLabors	-0. 0005 (0. 0008)	-0. 0005 (0. 0032)	-0. 0001 (0. 0014)
AverAge	-0. 0119 (0. 0112)	-0. 0106 (0. 0298)	-0. 0014 (0. 0280)
AverAgeSqu	0. 0001 (0. 0001)	0. 0001 (0. 0004)	0. 00002 (0. 0003)
SBEdu	0. 0013 ** (0. 0005)	0. 0013 (0. 0015)	-0. 0002 (0. 0011)
Ln_ RLoan	-0. 1559 *** (0. 0095)	0. 0185 *** (0. 0038)	-0. 1169 *** (0. 0173)
Ln_ Income	0. 0877 *** (0. 0116)	0. 0266 (0. 0191)	0. 0341 (0. 0294)
Ln_ TAsset	0. 1558 *** (0. 0116)	0. 0897 *** (0. 0161)	0. 0391 *** (0. 0120)
PICredit	-0. 3013 *** (0. 0934)	0. 0563 (0. 0863)	-0. 2362 *** (0. 0707)
Communication Expenditure		0. 0001 *** (0. 0000)	
Mandarin Level		0. 0691 (0. 0513)	
Lnsig_ 2			0. 1839 *** (0. 0194)

续表

变量	Probit	Ivoprobit	
		First Stage	Second Stage
Atanhrho_ 12			-0.9693*** (0.1768)
地域固定效应	是		是
Waldχ^2 (3)	18.39		180000000
Prob > χ^2 (3)	0.0001		0.0000
Pseudo R^2	0.2682		
样本量	1109	1109	1109

注：①***、**、*分别代表1%、5%、10%的显著水平。②每列括号中的数字为固定于地域水平的稳健标准误（Robusted Std. Err.）。

附表4　进一步讨论不同借贷用途与民间借贷风险部分回归的完整结果

变量	生产性		生活性	
	First Stage	Second Stage	First Stage	Second Stage
AFCredit	-0.0504 (0.0742)	-0.2378*** (0.0660)	0.0613 (0.1303)	-0.1692 (0.1958)
Guaran	0.0676 (0.1008)	-0.1518 (0.1886)	0.0524 (0.1472)	-0.0342 (0.1949)
LRelatives	-0.0907** (0.0357)	0.0159 (0.0250)	0.0274 (0.0255)	0.0436 (0.0550)
ParenVisit	0.0001 (0.0003)	-0.0006* (0.0004)	-0.0003 (0.0005)	-0.0003 (0.0007)
LnTSSpen	—	-0.2438 (0.1870)	—	-0.7067*** (0.0849)
SBorrowg	-0.0609 (0.1779)	0.2908 (0.3028)	0.0979 (0.1316)	0.3399* (0.1881)
FinanEdu	0.0112 (0.2166)	-0.0271 (0.4040)	-0.0282 (0.0718)	-0.5259*** (0.1071)
CCPRatio	0.0005 (0.0142)	-0.0076*** (0.0007)	0.0047 (0.0038)	0.0043 (0.0043)

续表

变量	生产性		生活性	
	First Stage	Second Stage	First Stage	Second Stage
PLabors	-0.0008 (0.0022)	-0.0035 (0.0025)	-0.0007 (0.0046)	0.0015 (0.0028)
AverAge	-0.0532 (0.0528)	-0.0268 (0.0236)	0.0064 (0.0289)	0.0219 (0.0296)
AverAgeSqu	0.0007 (0.0007)	0.0003* (0.0002)	0.0001 (0.0004)	-0.0003 (0.0004)
SBEdu	0.0019 (0.0018)	-0.0017* (0.0010)	0.0010 (0.0015)	0.0006 (0.0014)
Ln_ RLoan	0.0337*** (0.0116)	0.1394*** (0.0245)	0.0063 (0.0042)	0.0673*** (0.0140)
Ln_ Income	0.0931*** (0.0225)	-0.0285* (0.0156)	-0.0092 (0.0253)	-0.0310 (0.0210)
Ln_ TAsset	0.0902 (0.0558)	-0.1253** (0.0632)	0.0759* (0.0391)	0.0132 (0.0202)
Communication Expenditure	0.0001*** (0.0000)		0.0001** (0.0000)	
Mandarin Level	0.1837* (0.1096)		-0.0561 (0.0898)	
Cut_ 1_ 1		-3.6235*** (0.2788)		-4.5536*** (1.0736)
Cut_ 1_ 2		-2.2475*** (0.3214)		-4.1131*** (1.1974)
Lnsig_ 2		0.1408*** (0.0421)		0.2000*** (0.0135)
Atanhrho_ 12		0.2544 (0.2862)		1.2747*** (0.2715)
地域固定效应		是		是
Waldχ^2 (3)		1300000		37000000
Prob > χ^2 (3)		0.0000		0.0000
样本量	513	513	596	596

注：①***、**、*分别代表 1%、5%、10%的显著水平。②每列括号中的数字为固定于地域水平的稳健标准误（Robusted Std. Err.）。

附表 5　社会关系影响民间借贷风险的观察点数据

Gender 性别	Age 年龄	Profe 职业	Cartime 行车时间	Princ 本金	Rate 利率	Default 违约率	Purp 借款用途	Relation 关系	Guar 担保
1	48	2	75	30	0. 6	0. 72	1	4	1
1	39	2	25	15	2	0. 66	1	3	1
1	37	2	9	15	2	0. 2	1	4	1
1	41	2	9	60	2	0. 46	1	3	1
1	35	1	25	15	2	0. 57	1	5	1
1	53	2	195	2	2. 5	1	1	1	2
2	45	1	255	34	2	0. 9	1	2	2
1	41	2	5	20	0. 5	0. 23	1	3	1
2	58	5	2	5. 5	1. 6	0. 64	1	3	1
1	59	2	3	31	2	0. 45	1	3	1
1	32	2	17	7. 5	2	0. 9	1	3	1
1	29	5	41	9	2	0. 9	3	3	1
2	46	3	7	10	0. 55	0. 73	3	3	1
1	37	2	3	15	0. 53	1	1	3	1
1	44	2	3	70	3	0. 33	1	3	1
1	43	2	6	10	3	0. 35	1	3	2
1	34	2	57	4. 9	0. 5	1	1	3	1
2	42	2	7	5	3	1	1	1	1
1	49	2	12	3. 1	2	1	1	1	2
2	46	3	4	18	0	0. 5	3	3	1
2	46	2	7	55. 5	2. 25	0. 9	1	3	1
2	53	1	4	20	1	0. 6	3	3	1
1	45	4	27	1. 3	1. 5	1	3	1	1
1	41	2	4	10	2	0. 92	1	1	1
2	43	2	5	6	0. 53	0. 32	1	4	1
2	43	4	6	8	2	0. 4	1	3	1
1	57	5	6	3	1. 67	0. 52	2	4	1
1	43	1	10	15	4	0. 7	1	3	1
2	40	1	3	8	2	0. 5	1	3	1
1	33	1	23	7	0. 5	0. 6	3	4	1
1	43	2	8	25	3. 5	0. 95	3	3	1

续表

Gender 性别	Age 年龄	Profe 职业	Cartime 行车时间	Princ 本金	Rate 利率	Default 违约率	Purp 借款用途	Relation 关系	Guar 担保
1	27	2	4	2	0. 51	0. 87	1	1	1
1	32	5	25	33. 3	3	1	1	1	1
1	32	2	25	28	2	0. 76	1	3	1
1	61	2	1	1. 2	1. 8	0. 54	1	3	1
1	27	2	3	10	3	1	2	1	1
2	40	1	20	1. 5	1. 5	0. 72	1	3	1
1	31	2	3	3	1. 5	0. 2	1	3	1
1	30	2	7	10	0	0. 3	1	4	1
1	40	2	23	4. 5	0. 55	0. 8	1	3	1
1	32	2	159	5	0. 55	1	1	2	1
1	41	2	3	5	1. 5	0. 5	1	4	1
1	36	2	3	20	0. 44	0. 4	3	3	1
1	36	1	155	200	2	0. 9	1	3	1
1	49	1	75	15	1	0. 6	3	3	1
1	29	1	52	14. 57	1. 2	0. 64	3	3	1
1	30	1	6. 9	13	0	0. 7	3	2	1
1	48	2	8	49. 042	0	0. 6	3	2	1
1	46	2	78	220	1	0. 8	3	2	1
1	48	1	88	6	4. 95	0. 9	3	3	1
1	52	1	62	30	3	0. 7	3	2	1
2	36	1	44	9	0	0. 45	3	5	1
1	32	1	5	30	0	0. 7	3	4	1
1	44	2	11	45	2	0. 62	1	2	1
1	27	5	37	6	0	0. 5	2	5	1
1	58	1	5	2. 35	0. 8	0. 4	3	3	1
2	40	1	29	30	2	0. 6	3	2	1
1	65	1	23	7	2	0. 73	3	3	1
1	35	1	30	1	0	0. 2	3	5	1
2	18	1	48	2	0	0. 73	1	2	1
1	51	1	6	18	1. 5	0. 5	3	3	1
1	66	1	10	2. 1	2	0. 52	3	1	1

续表

Gender 性别	Age 年龄	Profe 职业	Cartime 行车时间	Princ 本金	Rate 利率	Default 违约率	Purp 借款用途	Relation 关系	Guar 担保
2	45	3	45	288	1	0. 78	3	3	1
1	46	1	1	74. 25	2	0. 35	1	2	1
2	51	2	3	7	0	0. 8	3	4	1
2	42	2	3	15	0	0. 3	3	2	1
1	31	2	230	40	0	1	1	2	1
1	54	1	3	3. 76	1	0. 87	1	2	1
2	41	1	13	10	0	0. 35	3	3	1
1	40	5	9	0. 9	0	0. 1	1	2	1
2	35	1	114	38	0	0. 8	1	5	1
1	48	1	144	70	0	1	1	2	1
1	39	1	21	2	1. 5	0. 4	1	2	1
1	32	1	48	4	0	1	3	4	1
1	51	2	25	4680	6	0. 5	1	3	1
1	40	2	24	400	2. 5	0. 6	1	3	1
1	55	2	5	1500	4	0. 65	1	1	1
1	54	2	4	300	2	0. 23	1	3	2
1	34	2	16	1000	2. 5	0. 4	3	3	2
1	54	2	14	350	0. 5	0. 7	1	3	2
1	43	2	1369	150	3	1	1	1	1
1	50	2	47	600	2	0. 82	1	3	2
1	51	2	6	1000	0. 6	0. 48	1	2	1
1	51	2	21	500	2. 5	0. 56	1	1	1
1	51	2	27	1000	0	0. 8	3	2	1
1	51	2	11	2000	3	0. 5	3	2	1
1	51	2	12	500	2. 5	0. 8	3	3	1
1	30	4	7	10	0	0. 5	3	3	2
2	29	1	78	4	0	0. 8	3	4	1
1	44	2	4	70	3	0. 3	3	1	1
1	43	2	10	15	4	0. 6	1	1	1
1	42	2	80	20	2	0. 7	1	3	1
1	38	1	10	6	0	1	1	4	1

续表

Gender 性别	Age 年龄	Profe 职业	Cartime 行车时间	Princ 本金	Rate 利率	Default 违约率	Purp 借款用途	Relation 关系	Guar 担保
1	44	4	3	10	0	0. 87	1	4	1
1	31	5	3	5	2	0. 9	1	3	1
1	46	3	18	10	0	1	1	3	1
2	34	3	18	6	2	0. 85	1	1	1
1	50	1	5	5	0. 5	0. 67	1	1	1
1	41	2	138	370	0. 55	0. 8	1	2	1
1	37	2	23	1500	3	0. 7	1	3	1
1	52	2	329	3090	3. 5	0. 9	1	2	1
1	30	2	1332	3144	6	0. 95	1	3	1
1	45	2	87	49	3	0. 75	1	3	1
2	40	2	33	2472	0. 5	0. 4	1	4	1
1	56	2	43	500	2. 5	0. 6	1	3	2
1	44	2	215	240	2	0. 8	3	3	1
1	55	2	12	760	0. 48	0. 3	3	1	2
1	56	2	33	300	2. 5	0. 67	3	3	2
1	39	2	149	500	2	0. 82	3	3	1
1	41	2	51	450	2. 5	0. 65	1	2	1
2	46	2	82	280	3	0. 8	1	3	1
1	55	2	46	430	2	0. 85	1	3	1
1	39	2	146	600	2	0. 88	1	2	1
1	44	1	14	560	0. 53	0. 6	3	4	1
1	51	2	5	449. 8	3	0. 67	3	3	1
1	41	5	17	5. 254	0. 44	0. 8	1	3	1
2	40	2	1	100	0. 55	1	3	3	1
1	57	2	65	260	0. 44	0. 5	1	2	1
1	32	2	155	75	0. 62	0. 9	3	3	1
1	34	5	150	500	2	1	3	2	1
1	31	2	125	500	2	0. 89	3	2	1
2	40	2	30	300	1. 5	0. 78	1	2	1
1	48	2	1440	200	2. 5	0. 95	3	3	1
1	41	2	53	500	2. 5	0. 58	1	3	1

续表

Gender 性别	Age 年龄	Profe 职业	Cartime 行车时间	Princ 本金	Rate 利率	Default 违约率	Purp 借款用途	Relation 关系	Guar 担保
1	53	2	33	216	2	0. 9	1	2	1
1	50	2	12	500	2. 5	0. 6	3	3	2
1	41	2	31	400	2. 5	0. 8	3	3	1
1	40	2	5	92	4	0. 92	3	1	1
1	40	2	22	300	1. 5	0. 45	1	2	1
1	57	2	4	299. 5	2. 45	0. 31	1	3	2
1	57	2	1	26	2. 5	0. 6	1	1	1
1	37	2	56	260	1. 5	0. 7	1	4	1
1	57	2	1	409. 3232	0. 44	0. 3	1	2	1
1	47	2	47	300	2. 5	0. 67	1	3	1
1	57	2	13	200	0. 62	0. 5	1	3	1
1	57	2	13	308	3	0. 6	1	3	1
1	61	2	27	500	2. 5	0. 75	1	3	1
1	35	1	22	1. 5	2	0. 8	1	1	1
1	57	1	6	0. 8	1. 5	0. 2	1	3	1
1	37	1	40	4. 5	0	0. 6	2	1	1
1	40	1	12	3	1. 5	0. 2	1	2	1
1	44	5	34	1	1. 5	0. 4	2	3	1
1	53	1	1	1	1. 28	0. 3	3	1	2
1	40	1	10	23	0. 48	0. 5	1	3	1
1	32	1	36	46	0. 5	0. 8	1	3	1
1	39	3	32	9	2	0. 45	3	3	1
1	70	1	33	4. 1	0. 55	0. 8	3	1	1
1	40	1	5	4	1. 5	0. 35	3	4	1
1	44	1	16	1	1. 5	0. 5	1	3	1
1	35	2	5	120	0. 5	0. 4	1	2	1
1	40	1	0	0. 5	3	0. 3	1	3	1
1	49	1	29	10	0. 5	0. 6	3	3	1
1	39	2	137	65	0. 5	0. 9	1	3	1
1	40	3	29	5	1. 5	0. 8	1	1	1
1	46	1	28	2	0. 51	0. 4	1	3	1

续表

Gender 性别	Age 年龄	Profe 职业	Cartime 行车时间	Princ 本金	Rate 利率	Default 违约率	Purp 借款用途	Relation 关系	Guar 担保
1	50	1	1	0. 45	3	0. 2	1	3	1
2	40	1	21	1	2	0. 6	3	3	1
2	45	1	27	3. 5	3	0. 9	1	1	1
1	27	1	41	10	1. 5	0. 78	1	3	1
1	25	1	17	9. 5	0. 5	0. 35	1	3	1
2	41	1	9	2	0. 46	0. 76	1	1	1
1	64	1	17	0. 4	3	0. 6	1	1	1
1	44	1	109	2	2	0. 8	1	3	1
1	33	1	26	20	2	0. 85	3	3	1
1	27	1	51	2. 45	2	0. 9	1	2	1
1	50	1	23	6	1	0. 45	1	3	1
2	45	1	10	3. 5	0. 5	0. 3	1	1	1
1	40	4	1	1. 9675	2. 5	0. 2	3	3	1
1	25	1	69	11	2	0. 5	1	3	1
1	30	1	15	1. 5	0. 48	0. 6	1	3	1
1	29	1	39	16	2. 5	0. 89	1	1	2
1	45	4	6	1. 5	0. 6	0. 3	3	3	1
1	44	2	2	2	1. 5	0. 25	1	3	1
2	37	2	77	20	0	0. 9	3	4	1
1	44	2	1	0. 19	1. 5	0. 3	1	3	1
1	36	1	12	4	2	0. 4	3	3	1
1	31	1	60	3	0. 6	0. 7	3	3	1
1	47	3	2	1	2	0. 3	2	1	1
2	36	2	38	12	2. 5	1	1	2	2
1	40	1	20	2	1. 5	0. 5	1	1	2
1	39	1	71	5	2. 5	0. 8	3	1	2
1	36	2	573	13	2	0. 9	1	3	1
1	25	1	38	2. 4	2	0. 8	2	1	1
1	57	2	2	92. 4888	1. 5	0. 45	1	3	1
1	37	1	11	15	0	0. 6	3	3	1
1	40	2	748	700	2	1	1	2	1

续表

Gender 性别	Age 年龄	Profe 职业	Cartime 行车时间	Princ 本金	Rate 利率	Default 违约率	Purp 借款用途	Relation 关系	Guar 担保
1	48	1	1440	200	2. 5	1	1	2	1
1	41	2	45	500	2. 5	0. 7	1	3	2
1	57	2	71	260	2	0. 65	1	1	2
2	42	2	3	19	2	0. 2	1	3	1
1	51	2	10	8. 375	1	0. 35	1	3	1
1	56	1	33	965	4. 5	0. 95	1	1	2
1	41	2	46	400	2. 5	0. 85	1	3	2
1	47	2	47	300	2. 5	0. 67	1	3	2
1	47	2	116	602. 4	1. 5	1	1	2	1
2	36	5	756	260	1. 5	1	1	3	1
1	57	2	6	26	2. 5	0. 85	1	1	2
1	57	2	20	200	1. 5	0. 4	1	3	2
1	57	2	10	308	3	0. 5	1	1	2
1	39	1	24	60	5	1	3	1	2
1	40	1	1	17. 5	4	0. 2	1	3	1
1	62	2	2	3	3	0. 5	1	3	1
2	46	2	1	4	1. 2	0. 2	2	3	1
1	51	1	89	0. 3	0	0. 8	3	4	1
1	34	2	5	2. 6666	1. 8	0. 5	3	3	2
1	57	2	17	36	0. 8	0. 7	1	2	1
1	50	2	11	500	3	0. 6	1	3	2
1	40	2	1	350	1. 5	0. 4	1	3	1
1	25	1	27	16. 3	2	0. 66	3	1	1
1	36	1	14	6	2	0. 47	1	3	1
1	26	1	7	3	1	0. 9	1	3	1
1	35	1	14	28	0. 5	0. 36	1	3	1
1	34	1	13	7	2	0. 5	3	3	1
1	46	3	26	2. 75	0. 5	0. 7	1	2	2
1	38	1	7	9	2	0. 6	1	3	1
1	46	3	7	2	2	0. 8	1	3	1
1	50	1	12	5. 9175	2	0. 87	2	2	1

续表

Gender 性别	Age 年龄	Profe 职业	Cartime 行车时间	Princ 本金	Rate 利率	Default 违约率	Purp 借款用途	Relation 关系	Guar 担保
1	36	1	15	6. 3	0. 5	0. 9	1	1	1
2	37	1	28	9	0. 5	0. 58	1	4	1
2	48	1	12	2. 85	0. 5	1	3	1	1
2	37	3	3	12	0. 5	0. 6	1	3	1
1	35	2	38	12. 4	0. 63	0. 72	1	3	2
1	47	1	13	65	1. 8	0. 45	1	2	1
1	35	2	6	10	0. 5	0. 8	3	3	2
2	53	4	4	3	0. 5	1	1	3	1
1	52	1	3	0. 3	0. 5	1	1	3	1
1	48	2	132	15. 27	2	0. 5	1	3	1
2	43	1	99	6	3	0. 7	1	3	1
1	52	3	7	30	2	0. 3	1	3	1
1	52	3	38	5	0. 5	0. 8	3	4	1
1	32	2	158	5	0. 5	0. 9	1	3	1
1	26	2	3	1	2	1	1	3	1
1	38	4	77	4	0. 5	0. 8	1	3	1
2	41	3	29	16. 8	2	0. 85	1	3	1
1	31	4	5	5	2	0. 5	1	3	1
1	42	4	8	20	2	0. 3	1	3	1
2	31	3	51	22. 32	0. 5	0. 2	1	3	1
2	37	2	78	20	0	0. 45	1	3	1
1	42	1	59	7	2	0. 6	1	3	1
1	27	2	48	15	2. 5	0. 35	1	1	2

附录2 涉众型民间借贷违约案例汇总

案例1：天津文盲农妇非法集资10亿元

2010年7月底完成工商注册，2010年11月30日被公安机关立案侦查，在短短4个月内，注册在天津市静海县的天津天凯（天凯新盛）股权投资基金有限公司，从全国29个省、市、自治区的近9000人手中非法集资，涉案金额10余亿元。

“连自己的名字都不会写”“以前做过传销”，财新《新世纪》记者在静海县采访期间，负责案件处理的政府官员在谈及这家涉案公司法人代表韩秀琴时，都要提及韩的上述特点。10余亿元的巨大骗局与文盲农妇，形成一种奇特的对比，传销手段结合时新的PE（私募股权投资基金）概念，则给中国的PE重镇天津投下了一丝阴影。

据《人民法院报》报道，近年来，中国的非法集资犯罪活动猖獗，案件数量居高不下，据统计，2005年至2010年6月，非法集资类案件超过1万起，涉案金额1000多亿元，每年约以2000起、集资额200亿元的规模快速增加。一面是方兴未艾的PE行业，一面是愈演愈烈的非法集资，而过去几年间的汇乐、红鼎创投，还有现在的天凯等案件，屡屡将两者联系在一起。这让PE行业相关的从业者、立法者和监管者陷入某种纠结，而对此感受最深的，恐怕要数天津市静海县新任县委副书记、县长冀国强。

冀国强2010年底赴任静海县，此前曾担任全国社会保障基金理事会股权资产部（实业投资部）主任。“PE 对中国中小企业的成长有极大的推动作用，还是要大力发展。但是对借 PE 之名进行非法集资的行为，政府应当依法严厉打击，为 PE 行业发展创造好的环境，同时也保护投资者的利益。另外，要广泛加强投资者教育工作。”冀国强说。

“天凯案这样的事例，一定要揭示给广大投资者看，这就是投资者教育。”一位 PE 市场人士对财新《新世纪》记者说。“有群众报告‘天凯没钱了，这个公司就是个骗子’。”静海县政法委张希峰书记回忆此前县政府有关部门接到的举报说。几乎同时，静海县有关部门还接到来自银行反洗钱监控系统的报告，称与天凯相关的账户出现大额资金流动的异常。静海县政府召集有关单位研究并向天津市政府汇报。“有关部门对案件给予明确答复，定性为涉嫌非法吸收公众存款，这也得到了公安部的认可。”张希峰说。

天凯被立案侦查后，法人代表韩秀琴等人被静海县公安局传讯，随后被采取强制措施。翌日，公安机关搜查了天凯位于天津市解放南路 259 号泰达大厦的市场部。目前，天凯的全部 7 名股东和若干通过网络发展下线收取佣金的“网头”已经被依法逮捕。经过三个多月的侦查，目前掌握的基本情况是，天凯非法集资案涉及 29 个省市自治区，近 9000 人，流水账上反映出来的涉案金额达十余亿元之多。张希峰说，由于措施采取得果断迅速，天凯案已依法冻结的资金、资产所占涉案金额的比例，可能要高于全国同类案件的平均水平。不过，与侦破行动启动时的快刀斩乱麻相比，后续工作则更繁杂和缓慢。天津市的公安、审计、金融办等相关部门成立了专项领导小组，侦查机关派出多支队伍赴各地追缴资金和其他财产。此外，静海县政府还聘请了专业律师团队为天凯案的处置提供法律咨询，抽调近百人成立了 20 个工作小组，分赴涉案各省市开展工作。

“天凯的账面管理非常混乱，有的钱打入韩秀琴个人账户，有的钱打入公司或者网头的账户。会计跟出纳对不上，网头跟总公司对不上，集资人和网头对不上。”张希峰说。静海县财政已经为处置天凯案支付了数百万元的费用。张希峰还表示，天凯案处置的费用完全由政府承担，不会从天凯案追回的金额中扣除。韩秀琴 40 多岁，是静海县的农民。从网上散布的天凯资料中可以发现，潘建国也是天凯的一员干将，职务为天凯的常务董事、副总经理，曾代表天凯外出宣讲。与韩一起做天凯公司的其他人中，不少也有传销的经历。

2010 年 7 月 30 日，天津天凯股权投资基金有限公司在静海县完成工商注册，注册资本 1500 万元。不过，天凯并没有 1500 万元，这份验资报告是支付了 2 万元之后，由天津市渤海会计师事务所有限责任公司开具的。这家事务所的相关责任人目前也已经取保候审。从西祠胡同到天涯论坛再到赶集网，到处都有介绍天凯项目的帖子，QQ 群也是“网头”们发展下线的主要渠道。

工商注册是天凯劝诱投资者的第一个“法宝”，有些帖子上对如何在网上查证天凯的工商注册资料还给予了详细的指导。天凯还在宣传中声称，自己得到了静海县政府的大力支持，包括免除公司五年营业税、提供办公楼支持等。天凯对投资者承诺以月息 3% ~10% 不等的固定回报，投资 1 万元起。投资计划中的项目，也非常符合目前投资的热点。天凯的网上资料声称，其实体项目分为短、中、长期三类，对应的代表性项目分别为天津静海县 5800 亩土地运营权、甘肃的九条岭煤矿经营权以及内蒙古大型露天煤矿——这与近几年对土地和资源的炒作趋势完全一致。

天凯还在宣传中称，资金由中国银行托管，如果项目没有如期达到预期收益，会有托管银行负责先行赔付给投资者，然后银行再对公司实行控股、拍卖等手段去追讨银行为此赔付的钱。最初的两个月，参与天凯集资的人并不多。静海县政府一位参与天凯案处置的人员对财新《新世纪》记者说，有些人曾到天凯在静海县的办公场所实地考察，因办公场所与他们心目中的形象不符，而没有投资。

2010 年 10 月 11 日，一家新的公司天凯新盛注册成立，注册地仍旧在静海县，但办公地点换成了天津市区高档写字楼。不知因为此前的传销性鼓动渐渐生效，还是因为新租的办公室令投资者觉得安心，汇入天凯的资金数量在此后陡增。真正有大量资金打入天凯，也就是在天凯新盛成立后的一个多月。天凯的计息方式是所谓的“上打息”，如实际打入天凯账户 8. 2 万元，合同、收据却是 10 万元，这给人造成一种已经实现盈利的错觉，更能诱惑投资者。

以三个月封闭期月息 6% 计算，天凯承诺的年化收益率达到 72% ，如果选择与天凯签署封闭期为 1 年的投资合同，月息可以高达 10% ，相当于投资一年翻了一番还多。不过，根据初步掌握的情况，从集资人员到天凯总公司，有相当一部分的资金会演变成中间提前发息或者网头回扣。仅 4 个月的时间，天凯的“倒金字塔”就已经摇摇欲坠。

公安机关采取强制措施之后，县政府在官方网站发布公告，声明静海县政府及其所属部门，从未给予天津天凯股权投资基金有限公司、天津天凯新盛股权投资基金有限公司土地运营权、税收减免、办公用房支持、推荐项目优先选择权等

任何政策支持。公告同时指出，天凯未按有关规定到天津市产业（股权）投资基金发展与备案管理办公室进行备案，未与中国银行天津静海支行签订托管协议，未在中国银行天津静海支行开立投资基金账户。但仍有投资者拒绝接受这一现实，有人抱怨称，要是政府不采取行动，投资本利就可以收回。

这“天上的馅饼”本质是虚幻的，陷阱却是真实的。静海县处置天凯案的相关人员透露，天凯公司后期确实投资了甘肃的九条岭煤矿，也对内蒙古一露天煤矿的股权实施收购。但稍加搜索就可以发现，九条岭煤矿的资源已接近枯竭，这一问题远非天凯计划中所说的设备改造可以解决。同时，投资该煤矿所给付的价格可比山东这家公司当年的买入价高出 3 倍多……其真实意图，恐怕是要以此为“幌子”继续招摇。仅就这类中长期投资而言，已完全不能解天凯现金流枯竭的燃眉之急，加之“拆东墙补西墙”式的大量返息、还本、提成等巨额开支，天凯资金链断裂、骗局败露原只在朝夕之间。

（资料来源：网易财经，http：//money. 163. com/11/0313/23/6VZIKTDPOO251LTE. html）

案例 2：孙大午非法集资案

1989 年，孙大午正式从徐水县农业银行辞职，来到承包地上。1992 年，孙大午再次扩大养殖规模，养鸡达到 15 万只，还投资 100 多万元，购置了一套年产 5 万吨的现代化饲料生产设备，产品除供本集团使用外，还销售到北京、河北、天津境内的 20 多个县市。这一年，孙大午在饲料厂的基础上组建了河北大午农牧有限公司。

到 1995 年，大午公司已经颇具规模，被国家工商总局评为全国最大 500 家私营企业第 344 位。1996 年，大午公司被河北省政府评为“河北省骨干乡镇企业”，孙大午被评为“河北省养鸡状元”，被推举为保定市禽蛋产业联合会理事长，保定市农学会常务理事。1996 年 10 月，河北大午农牧集团有限公司成立。到 2002 年，大午集团已经发展成为下辖种禽有限公司、大午饲料有限公司、大午电子电器有限公司、大午食品有限公司、大午葡萄发展有限公司、大午中学，员工 1500 余人，固定资产上亿元，高峰时年产值过亿元的大型企业集团。

大午集团的崛起惠及了四周的乡亲。村民们把玉米、秸秆等种植作物卖给大午集团，从大午集团购买饲料、鸡蛋、肉制品等，直到孙大午被捕之后，还有村民不断把成车的玉米送到大午集团，甚至宁愿先不收钱，因为他们信赖孙大午，认为他早晚会出来的。大午集团企业员工1500多人都是四周村庄的乡亲，他们每年要从大午集团领走600多万元的工资。大午集团还投资160万元修建了县城到郎五庄的公路，使周边六个村庄受益。

大午集团在发展的过程中遇到的资金短缺以及融资困难是一个世界普遍的现象。因为中小企业发展不稳定、风险大、资金量相对较小、贷款手续成本高，因此，金融机构大都不愿与中小企业打交道。各国都积极发展中小企业的多种融资渠道，包括鼓励合作金融以及民间直接融资，但仍然破解不了中小企业融资难的问题。

2002年，大午集团固定资产和年产值均已超过亿元，净利润为980万元。但从成立以来的19年间，孙大午只得到过两笔贷款，总计430万元，都是国家政策性贴息贷款。被资金困扰了多年的孙大午发明了自己的借贷模式，即向公司员工和当地群众借钱，约定的利率比银行利率高一倍多。由于他按时还款，当地群众越来越信任他，到事发时，当地群众在大午集团的存款达到1300多万元，这就是后来的“非法集资”。孙大午一直称这是他向群众借的款，给大家的也都是借款的收据，但最后仍然因此被定了罪。

从1996年开始，大午集团采用“职工入股”的方式融资。后来逐渐从职工扩大到了邻村的村民。借贷者中，还包括孙大午自己的家人。孙大午的父亲也把自己捡废品换来的几千元钱借给了大午集团。郎五庄村及附近村民，共有4742人把钱借给了大午集团。徐水县高林村镇马庄村一位姓曹的村民，先后借给大午集团8.5万元钱，加上他儿子的借款，曹家共有十几万元资金借给了大午集团。他说，大午不是那种坑蒙拐骗的人。如果孙大午不可靠，再高的利息也不敢把十几万元借给他。很多村民都说，孙大午可信，再说也图方便，就把钱存在孙大午那里。

大午集团也的确很守信用，这些年来，一直是有借有还，虽然累计借了1.8亿元，但借款余额大致稳定在3000多万。借钱给大午集团的村民们如果急需要钱，哪怕深更半夜也能取出来。大午公司职工卢清才说：“我在这儿上班，把钱放在这里，用着方便，花着也方便，他还给我打借条，他愿借，我愿存，两厢情愿的事，怎么违法了呢?”大午集团的所在地郎五庄村民杨桂林说：“我根本就没想要多少利息，就是为了方便，随时用随时取，有时急需了半夜都能取。”大午集团附近的丁庄一位儿子在大午集团上班的老太对记者说：“这钱都是孙大午开给我们的工资积攒下来的，我们再借给他发展生产，有什么错呢?”

中国人民银行徐水支行的行长房晓明说，大午集团的集资令大午集团所在地附近的几个营业网点几乎吸收不到存款，对当地信用社造成很大冲击，扰乱了金融秩序。孙大午的非法集资并没有损害“储户”的利益，但扰乱了金融秩序。

（资料来源：中国网，http：//www. china. com. cn/chinese/law/364074. htm）

案例3：湖南湘西州非法集资系列案

湘西州非法集资历时10余年，经过了一个从民间融资到非法集资、从小到大、从隐蔽到公开的复杂演变过程。1998年，当地个别企业为解决资金困难，采取极为隐蔽的方式，以略高于银行同期贷款利率的回报率，主要向单位内部职工和利益关联者进行民间融资。后来，这些融资活动由当初范围小、回报率较低的民间融资行为，逐渐演变为集资企业参与者日渐增多、回报率持续攀升的非法集资行为。

由于这些集资企业多以房地产和矿产品开发为投资对象，受2008年初房地产市场不景气和矿产品市场价格持续走低的影响，部分企业开始陷入经营困境，出现资金紧张。2008年8月中旬，几家涉嫌非法集资的企业资金链出现断裂，相继宣布延期兑付集资户本金和暂停付息。由此引发了一系列群体性事件。

根据登记确认，湘西州非法集资企业达50家，集资金额93.56亿元，参与人数7.19万人，涉及湖南省14个市（州）和湖北、贵州、重庆等周边省市。其中，重大非法集资企业20户，集资金额86.42亿元，以息抵本后金额57.15亿元，参与人数6.17万人。如三馆房地产开发有限公司吴某自2004年11月至案发，共向1.65万人集资24.09亿元，造成集资户损失6.14亿元。金丰农业科技开发股份有限公司王某2005年7月~2008年9月，共向5774人集资8.84亿元，造成散户损失2.26亿元。新世纪锰业有限责任公司徐某等自2007年1月起至案发，共向1.14万人集资4亿多元，造成集资户损失2.52亿元。

以项目开发为名吸引公众参与集资。该案涉案企业的法定代表人或实际控制人，最初大多是通过挂靠具有开发资质的企业，利用项目开发或以项目开发为名集资赚取“第一桶金”，继而成立公司开展更大规模的集资活动。如三馆公司总裁曾某曾于2003年挂靠邵阳市建筑安装公司，再以该公司名义挂靠具有开发资质的吉首市国土房屋综合开发公司，参与湘西州“三馆项目”开发竞标，中标后即以邵阳市建筑安装工程公司驻吉首市开发部名义，以开发“三馆项目”为由向社会公众集资；2004年1月，曾某成立三馆公司后，即以该公司名义继续进行集资。

不断成立新的公司扩大集资规模。一些涉案企业为扩大集资规模，利用集资款不断投资成立新的公司，甚至设立专门“集资公司”。金丰集团董事长王某开展集资活动，就是通过集团旗下各公司运作的。从2005年7月起王某先后通过挂靠房地产开发公司，以开发房地产项目为由向社会公众集资。2006年3月，王某用集资款400万元注册成立了福诞公司，以该公司名义继续进行集资。2006年8月，王某借款1亿元注册成立了湖南永丰担保有限公司（验资后资金即转走），并以该公司名义，通过与集资户签订股份转（受）让协议，约定永丰公司向集资户转让部分股份，公司按期以月利率4.5%分配红利。2007年3月，王某用1000万元集资款注册成立了湘西州汇丰创业投资股份有限公司，专门从事集资业务，与集资户签订委托投资协议或借款协议，约定由汇丰公司代理集资户进行投资，按月利率2.5%～8%支付投资收益。2007年3月，王某成立了湖南金丰农业科技开发股份有限公司，作为各上述公司的母公司，并于同年5月设立了金丰集团。

用集资款增加公司注册资本虚构公司实力。一些集资企业为彰显实力，在集资获取一定资金的情况下，即运用集资款增加公司注册资本，为进一步开展集资活动奠定基础。2008年4月，曾某用收取的集资款出资，将三馆公司的注册资本从819万元变更为6189万元。2007年4月，王某将福诞公司的注册资本由400万元增至2000万元，使用的也是集资款。

不计后果提高集资利息诱惑群众。为套牢集资群众，吸引更多集资款，加之集资企业增多的“竞争压力”，各企业逐年提高集资利息。2005年以后，三馆公司逐步提高集资利息，从月息1.67%逐渐上涨至10%；2007年9月起，三馆公司还按照集资款存期的不同给予每万元250～500元的奖励，至2008年8月支付集资户奖励金额累计高达1.1亿元。新世纪公司自2007年1月开始集资即实行返点政策，从每万元返点200元，最高达1300元，月息则从最初的5%逐步提升

至25%。

各种奖励鼓动工作人员充当集资中介。为提高工作人员和一般集资户充当中介的积极性，集资企业出台了多种奖励政策。福诞公司自2005年起，对介绍客户集资的中介人员，从集资款一次性给予2%～6%的费用，先后发展中介人员97人，支付费用3672万元。金丰集团王某向工作人员下达融资任务，每集资1万元给予50元的回报奖励；同时，通过中介人员介绍集资，每融资1万元给予200～400元的奖励，公司共支付奖励提成1923万元。

不惜成本夸大宣传骗取集资户信任。为骗取社会公众的信任，集资企业极尽夸张之能事，通过各种手段开展宣传活动，不惜血本。如三馆公司共耗资982万元，通过媒体虚假宣传公司开发项目多、房地产销售好；邀请明星参加公司周年庆典、开展情系民工等活动，提升公司影响力；花钱为公司及总裁曾某个人换取“湖南商业地产十强”“消费者信得过单位”“中国企业改革全国示范单位”“中国企业十大杰出人物”“中国诚信企业家”等荣誉。

后集资款归还前集资款维系资金链。由于集资利息逐步飙升，而经营亏损严重，集资企业只能通过后集资款归还前集资款及支付利息，勉强维持资金链，直至无法维系而断裂，案发时大多涉案企业资不抵债。

（资料来源：中国银行业监督委员会，http：//www.cbrc.gov.cn/chinese/home/docView/A72CC7058C07443EA C81A9B5A85048D8.html）

案例4：福建泉州人大代表骗贷上亿

案件主角唐永建曾是泉州市人大代表，被指控在1993～2001年，涉嫌从中国农业银行安溪县支行等多家金融机构骗取贷款约1.2亿元。

在“发达”之前，唐永建是安溪县蓬莱镇温泉村一普通村民，初中辍学后跟着父亲，学做木工，上山砍柴烧木炭；“发达”之后，留给村人的也还是“孝子”“朴素”等形象。除贷款诈骗罪外，唐永建被泉州市检察院指控的罪名还包括诈骗罪、行贿罪。多名官员因受贿卷入该案而落马。家住安溪城关的吴先生曾拆借过百万资金给唐永建，至今尚未追回。有未经证实的消息称，唐永建民间借贷的资金估计高达3000万元。在吴先生看来，民间愿意借钱给唐永建，和他身上的县人大代表、市人大代表等光环，以及当地政府曾把唐永建的制衣厂当作对外宣传的典型等造就的名声有关。吴先生也承认，唐永建开出的高息诱惑是其获得民间借贷资金的重要因素。虽然已经过去了近十年，安溪县把唐永建的制衣厂当作典型对外宣传的情形还留在安溪人的记忆里。

据称，当时常有政府官员到唐永建的制衣厂里考察指导工作，一位当地居民还提供了一张唐永建与一位高官的合影。唐永建这个名字渐渐被安溪人熟悉，是从他一掷 30 万元，捐助安溪龙门隧道的建设开始的。安溪龙门隧道是 1993 年 1 月动工的。"当时他上县里的电视，我们都知道有唐永建这个人。后来他又成了县人大代表、市人大代表，被县里树为典型，厂子成为县里的龙头企业，名气越来越大。现在街上随便抓一个人，都知道有唐永建这号人物。"几年前，唐永建就已因到期或逾期的贷款无法归还案发，一些民间借贷的债主也通过打官司等手段向其索债。但是，泉州中院受理案件后曝出的唐永建骗贷过亿元、诸多官员因之落马的消息还是让当地居民震惊。

安溪县蓬莱镇温泉村，一个离安溪县城 40 多千米的小山村，村里人大多姓唐。唐永建就出生并成长在这里。说起唐永建的成长，村里的老人们不约而同地说，他是一个苦孩子。唐永建家里兄弟姐妹八个，他排行老二，上面有一个姐姐。"那时候，永建家是村里最穷的一户。"村老人会的一位老人说，由于家里困难，他成绩也不好，初中一年级就辍学，开始做工补贴家用。一开始是跟着父亲，学做木工，上山砍柴烧木炭。十五六岁的时候，唐永建去了隔壁的蓝田乡。"别看他说话结巴，口齿不清，但是很聪明。"老人们对唐永建如此评价，"他心灵手巧，做木工活，很多东西一看就会，不用像别人就跟赶鸭子上架一样。"

唐永建留给村人的好印象还缘于他"飞黄腾达"之后对村里的"慷慨"。老村长唐文宗的记录本上显示，他前后共向村里捐了 24 万元，用于小学、中学、庙堂亭阁等的建设。其中给小学的投入最多，有 13.2 万元。

唐文宗说，除捐钱外，唐永建还把村里人招到他的工厂里做工，最多的有一百多人。回村时听说谁家有困难，他也常塞给三百五百元的，帮上一把。在老家村里人看来，唐永建是一个大好人，但在家人眼里，他显得有些冷漠。唐永建的三弟唐永良，还是住在祖屋旁一处旧宅子里。唐永良说，哥哥也没有常回家，也很少带东西回来。问到有没有给家里钱，唐永良正在读大学三年级的女儿（唐永建的侄女）说，在的她印象中，大伯（唐永建）看起来很严肃，她在读大学，还是靠贷款，大伯并没有资助她学费。

"唐永建被抓，并已被提起公诉！"老家的许多村民是从报纸上看到这则消息的，因为在他们眼里，唐永建是个很低调朴素的商人。唐永建18岁时结婚，妻子是官桥新村人。结婚伊始，因生活拮据，小两口有些小摩擦，可是自从生了孩子，两人感情慢慢稳定，直到被抓之前，据称感情甚笃。

在村民眼里，唐永建至少在表面上，"身价过亿"时也是"糟糠之妻不下堂"。一位自称是和唐永建相交20年朋友的人说，唐永建公司不少财产，都写在他妻子名下。据他说，唐本人，也没有和其他人传过什么桃色新闻。唐永建结婚之后，带着妻子出去，开始了闯荡。出去之后，他慢慢闯出些名堂，还开了工厂。有消息说，唐永建把父亲接出去享福，可父亲不习惯，又回到了村里，可这并不影响他的个人形象。村里人说，唐永建会隔三岔五回家看父亲。

据悉，有了钱后的唐永建，在村民眼里看不出老板架子。"唯一的不同就是开小车回来。穿的跟我们都一样，也没什么西装革履，甚至还不如我们讲究。"村民们对记者说。"要是他回村里，老远见到我，就打招呼，给我敬烟点烟。我经常和他开玩笑说，你是怎么成老板的？一点老板的派头都没有。他也是笑笑就过去了，一点不生气。"老村长唐文宗说。

村民们很难将唐永建和"骗贷过亿元"这样一个形象联系起来。有未经证实的消息称，他的车有两部，一部是东风小霸王，另一部是桑塔纳。唐永建巨额骗贷案浮出水面后，有媒体报道称，唐永建民间借贷220万元，但是坊间的传言，却比这个数字大得多。

家住安溪城关的吴先生当初曾借给唐永建的190多万元资金。当初唐永建已经出逃，为索回这些欠款，他曾通过和唐永建数次打官司，对唐永建的情况也有颇多的了解。吴先生说，唐永建被抓前，银行"逼"还贷款2000万元；这2000万元，都是唐从民间拆借来的。坊间传言，除了这2000万元，再加上之前借的七七八八的钱，保守估计，民间借贷可能高达3000万元。

民间借贷3000万元的说法，记者无从求证；但有一点是肯定，吴先生借的190万元已经福建省高级人民法院终审认定，只是基于种种原因一直没得到执行。吴先生还称，这笔钱加上吴先生认识的一些朋友借给唐永建的钱就远超220万元。

在吴先生看来，唐永建的"骗贷"手段并不高明，甚至可以说有点拙劣，但仍有很多个人"借钱"给他。在记者采访过程中，一些"借钱"给唐永建的人认为，两点让他们心动。一是唐永建的名声、表面的公信力。在借债人眼里，唐永建的厂子规模越来越大，名声越来越响，各种头衔接踵而至。县人大代表、市人大代表……一位借债者手里还保有一张唐永建与一位高官的合影。

“那么大的企业在那里摆着，又是县里的典型，所以大家才相信他，会一直借钱给他。”一位借钱给唐的人这样说。一是高于银行存款的借款利息诱惑。据称，唐永建民间借款开出的借款月利率是1%折算为年利率高达12%，而一般银行贷款的基准年利率是5%。

2002年初，唐永建在大部分贷款已逾期或即将到期的情况下，逃窜到广东、上海等地藏匿。唐永建被抓捕归案后，安溪当地流传着这样一个版本，即唐永建是在一个晋江老板的协助下被抓捕归案的。这个版本中的晋江老板是做布匹生意的，跟唐永建有多年的业务来往。他帮唐永建担保了一笔1000万元的贷款。唐永建跑掉之后，别人找这位晋江老板要求还贷。他被逼得走投无路，自己雇人，四处打听唐永建的下落。在他的协助下，至2004年7月6日，警方在上海市闵行区沁春路租住套房里将唐永建抓获。2005年1月26日，经泉州市人民检察院批准，唐永建被依法逮捕。

唐永建被抓捕归案后，他的厂房、地皮等被拍卖用以还贷。以前在安溪县城新加坡小区的新成制衣厂，现在已经被用作凤城派出所的办公场所。从厂区内嶙峋的假山，还有篮球场，似乎可以找出当年曾经的风光无限。

2004年5月28日，泉州市第十三届人民代表大会常务委员会第二十六次会议，审议了泉州市公安局《关于要求许可对泉州市人大代表唐永建采取刑事强制措施的报告》，鉴于唐永建涉嫌贷款诈骗罪，决定许可公安机关依法对唐永建采取刑事强制措施；暂时停止其执行泉州市第十三届人民代表大会代表职务。2005年8月中旬，泉州市中级人民法院立案受理了唐永建涉嫌贷款诈骗案。泉州市检察院指控，1993～2001年，唐永建涉嫌从中国农业银行安溪县支行等多家金融机构骗取贷款约1.2亿元。除了贷款诈骗罪，唐永建被指控的罪名还包括诈骗罪、行贿罪。

唐永建究竟靠什么起家的，没人能说清楚。家住安溪县城关的吴先生是跟唐永建相识20年的老朋友。在他的记忆里，20年前，唐永建就开始在安溪闯荡。他的起步，并不是从做服装开始的。当时，唐永建和别人合伙拥有一部货车，跑运输。安溪五交化公司经常要去广州采购家电，雇的就是唐永建的车。“估计这就是他赚到的第一桶金。”

但是，唐永建并没有一直从事运输。按照吴先生的说法，在1990年，唐永

建开始投资服装生意。泉州市人民检察院对于唐永建的起诉书指控，也印证了吴先生的说法。据起诉书指控称，1990 年 5 月，唐永建实际出资人民币 60 万元，注册成立福建省安溪城南制衣。但是，唐永建却将注册资本分别虚报为人民币 1380 万元。此后至 1998 年 12 月，唐永建又将注册资本虚报为 2200 万元、80 万元、380 万元、3580 万元，并进行虚假出资、增资、验资，先后成立新成服装公司、安溪县新安制衣厂、新源制衣厂、新成集团有限公司。在虚报资本成立皮包公司的同时，唐永建也开始了骗贷之旅。

据起诉书指控，唐永建在短短几年内骗取 1 亿多元贷款，共涉嫌三种罪名，也是他用以骗贷的三种手段。起诉书指控，1999 年 9 月 ~2001 年 5 月，唐永建以采取虚构资金用途、错开还款时间、提供虚假的财务会计报表及购销合同、伪造房屋所有权和担保合同方式，用已严重资不抵债的新成服装公司和无实际经营的城南制衣厂、新成公司的名义，先后骗取安溪农行、安溪信用社、安溪中行、泉州兴行、福州华侨信托、闽南信托（均为简称）等金融机构共计人民币 10830 万元、美元 100 万元的贷款，至今逾期无法归还。

唐永建把所贷款项，通过城南制衣厂、安溪县新源制衣厂及借用他人公司的银行账户套取现金或直接领取现金，除部分归还银行利息及民间的高利借贷外，其余用于吃请送礼、行贿等挥霍活动。检察机关指控，1996 ~2000 年，唐永建采用隐瞒已用于抵押给安溪中行的情况，将安溪龙湖居委会 19 －403 号套房和新安路颖如大桥 10 块地皮，出售给苏有兰、黄明、李革秋、陈友海、张敬强等，从中骗取现金人民币 229. 3 万元。

（资料来源：新浪新闻，http：//news. sina. com. cn/c/2005 － 08 － 23/00397574164. shtml）

案例5：林凤良非法集资案引发的危机

刘成山连那个卷走他和他的家族全部家产的人面都没见过，他都弄不太清那个人的名字。在他看来，他是个卑微的小角色，那个人是高高在上的大老板，这个大人物还是泉港区所有和自己一样抱着发财幻想的小角色们的财神——他自己挣大钱，顺便让泉港区的穷人尝点小甜头。刘成山把全家族六七十万元的钱存在闽林集团的时候，觉得跟交给银行没什么两样。

刘成山的钱来得不容易。除他自己刚刚从政府手里拿到的3万元征地补偿款外，大部分都是全家人东拼西凑起来的。他奶奶改嫁后的男人去了台湾，2006年从台湾回来带回了一笔钱。他的弟弟是在当地做苦力开山挖石的，2004年因意外事故被石头砸死了，弟媳也是讨了两年才从私人老板手里讨到了3.5万元的"命钱"。他堂哥的舅舅做会头组织了一个标会，凑到了30万元的标钱。2006年4月3日，刘成山接到来自闽林集团的一个电话，向来和气的女业务员告诉他，公司有内部消息，利息又将继续上涨，由过去的2~3分，提高到4.5分。这意味着存1万元钱可以每月比过去多提取出300元左右的利息。

他说服全家人加入他的财富之旅。说服过程不是太困难。对刘成山一家人来说，他们只不过是搭上了一趟发财的末班车。"林凤良13年前在南蒲镇槐山村创业就开始弄'基金会'，高息揽储，先是本村人在他那里存钱，林凤良一直信守承诺，从来没有人在他那里拿不到利息，十几年间也从来没听说过泉港区发生过针对他的挤兑风暴。消息开始传开，大家都说那里利息高，邻近的一些村子都往他那儿存了，以槐山村为中心逐渐向外围扩散，泉州甚至泉州市外的人也都过来找闽林集团存钱。我自己也是听槐山村的亲戚告诉后才知道有这么个人和这么个公司的。"刘成山说。在他之前，无数人已经替他们"下水"试了深浅，验证了一条万无一失的财路，实在没有理由拒绝他。更何况，刘成山说，他把钱存进去的时候还一直认为自己太多的观望等待已经浪费了太多的真金白银。

刘成山不知道，2006年4月3日，所有闽林集团的"新老客户"都接到了同样的传达内部消息的电话。他们和刘成山一样，到泉港市中心闽林集团17层大楼的16层办了续存手续，或者信任地又交给了业务员一笔数额不小的存款。4天后的4月7日，闽林集团毫无预兆地轰然倒塌了。

南蒲镇凤翔村民王通富说，林凤良老家南蒲镇和最邻近的界山镇十家有九家把钱存在了闽林集团。一般很贫穷的一个自然村，涉及的存款都有一两百万元。泉港区共七个镇，每个镇有十几到二十个村，每个村又有几十个自然村。30万人的上亿元资金一夜之间蒸发了。要是按以往十几年的惯例，闽林集团每个月的10日到15日结账，向存款户支付月息。刘成山们应该在这几天内到闽林大厦的16层领取几乎是他们一个月全部生活来源的利息。

2006年4月7日这一天，十几年来的契约荡然无存。当然，闽林集团对农民们的承诺本身也只是一种"君子协定"。闽林集团发给刘成山们的唯一凭证就是一张“借条”。在一个简单的白条上记载着：出借人刘成山，借款人林凤良，年利率2.81%~3.6%，“担保单位”盖着闽林集团“泉港闽林石材有限公司”的印章。前面看起来似乎是个人借款，备注栏却以公司名义写了一句话：“现公司规定3个月利率为2.3%~3.1%，6个月为2.5%~3.3%，1年为2.8%~3.6%，这种有利润分红的存款，时间有限，数量有限。”

一些像刘成山和王通富这样持着“小富则安”想法的人，每个月都支一些钱出来，多少还挽回了点损失。刘成山说，有些人不急着花钱，又想靠这个挣大钱，就打算“利滚利”，一次性提取，结果在这个万劫不复的大崩溃中倾家荡产。

2006年4月8日到闽林集团抢东西的狂热和此前到那里存钱的狂热不相上下。人们把大楼总部围得水泄不通，泉港是个小地方，上万人聚集在泉港区大圆盘东北侧的角落里引起了震动。那天得知消息从泉州赶到泉港区维持秩序的泉州公安局治安大队副大队长陈允昌说：“但人们发现大厦里空空如也，根本没什么可抢。”刘成山的老婆也加入了这个行列，电梯停了，她气喘吁吁地冲上16楼才争到了两个沙发垫子带回家。

在过去闽林大厦所占据的这个十字路口也颇不寻常。当时为了修通从林凤良的老家界山镇槐山村惠窑自然村到该集团总部的道路而专门开辟。闽林大厦所在的泉港区大圆盘是泉港实际上的市中心，它的不远处就是泉港区政府所在。沿着这条“南山路”走，你会从泉港贫穷的槐山村走到这栋被称为泉港“第一高楼”的闽林大厦。在闽林集团倒闭前，林凤良发迹史的一部分简单得就像从“南山路”的南边往北边走，从贫穷往富有走，从系统上的一个小齿轮往系统的中心走。

这条路上，林凤良经过了南蒲镇、界山镇、前黄镇。这些镇的农民后来都成了林凤良财富的基石。同样做石材生意起家的刘治国说，49岁的林凤良从孩子时起就当石匠，业务多了，便打算开办石头加工厂。由于资金短缺，他想到集资。为了让别人相信他的实力，他注册兴办了闽林石材有限公司、闽林房地产有限公司。“成立公司后，林凤良开始雇用上百名业务员负责集资宣传。实际上是一手搞‘实业’一手搞‘金融’。”

刘治国说，林凤良起家时还有一个合作伙伴，是他的同村人，但是两年前两人的合作崩了，不欢而散，这个人带走了一笔资金和人员，到惠安办厂，另起炉灶。林凤良在发家的十几年里却一直没有亏待过到他那儿存款的人。王富通说，大家一直觉得林凤良“为人忠厚老实”。“每年中秋，他会让业务员给每个在他那里存钱的村民送两盒月饼，你要在那里存款超过 10 万元，他过年会让公司的人到你家里拜年。”“有回我去存钱，难得见过林凤良一面，他很诚恳地对在那里办存款的人说，‘在我这里存钱，只会让你们多挣钱。放心。你们的这些可怜钱，我一定不会刨的’，我们都觉得林老板特实在。”

2004 年，林凤良和合伙人一拍两散的原因不得而知。但在这年，林凤良和他的集团发生了一系列的变化。2004 年，象征林凤良事业高峰的闽林大厦建成，林凤良真正走到了这个系统的中心，他当上了区政协委员，还兼任区石材同业公会名誉会长。同年，林凤良开始继续增仓，更大规模地高息揽储。“真正的高利息就是从 2004 年开始的，以前一直只有 2～3 分利，也就和一般民间标会的利息差不多。从 2004 年起，闽林集团的利息就一路上涨。因为之前十几年的诚信，它吸纳的存款也急剧上涨。”刘治国回忆。

2003 年，林凤良与泉港区区长陈国强两人达成了利益同盟。作为新兴工业区，泉港区这几年在全面推进基础设施和城市配套的建设，工程量和投资额都极其惊人。在泉港约 40 平方千米可用面积上，在建投资额超千万元的工业项目有 46 个，其中超亿元的工业项目有 9 个。

2006 年 3 月，福建省纪委以涉嫌受贿对泉港区区长陈国强“双规”。“林凤良在得知陈国强被‘双规’的消息后准备了一个月外逃，于 2006 年 6 月被抓捕。”福建省检察院官员陈雷接受采访时说，“泉州市人民检察院给泉州人大常委会递交了《关于报请许可决定对犯罪嫌疑人陈国强采取刑事强制措施的报告》，指出陈国强任泉港区区长期间，利用工程审批、土地征用等机会，多次收取贿赂。2006 年 5 月 31 日的泉州第十三届人大常委会第四十次会议审议了报告。关于林凤良和陈国强案件的案情，中纪委和省纪委组成了调查组正在调查中。”

在这个人口只有几十万的小城市里，一个令人吃惊的、高效的发展计划正在进行。10 年前，泉港区还是泉州市最贫瘠荒芜的乡村。这个位于湄州湾南岸，既是泉州和莆田的“临界点”，又是闽南和闽北中心点的沿海小城在 1996 年迎来了机遇。这一年它成立开发区，并把未来的目标确定为一个“大项目—产业链—产业群—产业基地”的石化港口新城。

“平地建城”意味着，大量项目涌入，现有项目需要扩展——除了给林凤良和陈国强们机会，也给泉港人很多意外。20 世纪 50 年代出生在泉港后龙上西村的陈兴明现在是一个拥有 8 艘油轮的大老板，而几十年前他还是海边渔村一个摇橹的伙计。“当时泉港的人除了讨海捕鱼的，就是在滩涂上种海带，我当时是在

一条小舢板摇橹，到处找活干。1988 年，福建炼油厂开始在这里征地，当时我家里刚好有一块种海带的滩涂被征到了，而这里也开始建码头造海港。”

陈兴明拿出征地补偿款买了一条小交通艇，再把船出租，从小业务开始做。后来福建有史以来最大投资项目——福建炼化一体化项目在泉港开工建设，炼油厂投产，各类船舶到港卸油，陈兴明盯上了为这些船提供水、油、食品的活，办起船务公司，替进港船舶申办报关手续赚取代理费，把业务做大。

绝大部分人没有陈兴明的头脑和运气。他们拿着征地款却无所事事，没有土地，他们没有一技之长，几乎失去了固定的收入来源。“和其他地方的农民相比，他们一下子拿了几万块，但这种‘富裕’却很不寻常。”王通富说。

这些离开土地的农民们，成了泉港繁荣的一个代价。新兴的工业无法吸纳这些没有技术的农民，从其他地方蜂拥而至的外来打工移民在很大程度上又抢了他们不少的就业机会。刘成山说：“泉港很多鞋厂、纺织厂，但只招收年轻工人，最好是外地来的熟练工。他们可不愿意把钱花在培训我们这些老人身上。”刘成山也才 40 出头。他们的身份由农民一跃成为一个发达沿海城市的居民，却也成了陡然的城市化中被边缘化的人。

他们中有很多人继续打征地款的主意。“泉州市泉港区的拆迁自建区以来从未间断。投资 300 亿元的福建炼化一体化项目和投资 150 亿元的国电南埔火电厂的征地、拆迁、安置工作刚刚顺利完成，新的拆迁就又开始了。”刘治国说。如果算上“沿海大通道”泉港段，三个重点项目的拆迁就涉及近 50 个村，要动迁 3000 多户，1 万多人，“仅炼化一体化项目，政府支付的补偿款将超过预计的 3.35 亿元”。

没有土地和工作的泉港农民很多想在这轮城市化的身份置换中捞一笔。刘治国说，前期拆迁后留下的旧建筑材料免费或廉价流入周边村，搭盖简易房的建材可以很方便地买到，泉港区许多镇都开始“抢建”住房，多报征地补偿款。“从 2005 年 2 月底到 6 月初，沿海大通道动工前，泉港区发生的违法抢建民宅达到近千宗，面积达 10 万平方米以上。这些‘抢建’的‘地下无桩、墙内无钢、砖内无浆、房屋无窗’的房子，每平方米最高造价不超过 150 元，而政府的赔偿最少要在每平方米 400 元。有的村全村都在搞，泉港施厝村有 200 多户都参加了。”

“仅仅那一轮‘抢建’风，泉港政府就要为此多埋单上千万元。”刘治国说。但拿到这笔钱的农民们，没有投资渠道，他们唯一信赖的方式，就是把钱放在银行吃利息。他们成了贫穷的“食利者”。但对于发财心切的人们来说，银行的利息太低了。林凤良给了他们希望。林凤良十分清楚，如果每个和他有关系的人都因他而赚到钱分到了好处，他就能控制这些人。那些拆迁款，从政府的口袋漏进农民的口袋，最终进了林凤良的腰包。

林凤良非法集资案所引发的更让人担忧的危机，是民间“标会”的断链，这会导致泉港区所有民间信用关系的全部崩溃。在林凤良的非法集资款中，有很大一部分来自“标会”——另一种民间集资形式。刘成山堂哥的舅舅刘秉良存的那30万元就是如此。在福建，“标会”是最富地方特点和群众基础的民间互助筹资方式，意为“轮转储蓄与信贷协会”，它通常建立在亲情、友情等血缘、地缘关系上。刘秉良说，一个11人的万元标会是这样运行的：由发起人（会头）邀请10个亲友（会脚）参加，约定每人每月拿出1000元会钱“做会”，第一个月，总计1万元的会钱举行竞标，如果一个会脚出的利息（也称标金）最高（如300元），则当期的总会款1万元交给该会脚。这就相当于中标者用100元的小钱换来了其他“会脚”的900元的大钱。但是该会脚在以后的每个月都要缴纳1300元的会钱，而到第二个月，总会款成了1.03万元，以此类推，直到标会结束。没有竞标的会脚就赚取他人竞标时出的利息，越往后收益越高，最后一个“会脚”不用支付利息，却得到了前面所有“会脚”支付的利息，只赚不赔，因为9个月都按期交纳“会子钱”得到回报，一次性拿回900元并得到其他“会脚”支付的利息270元，相当于零存整取，月利率相当是3.33%，比银行利率要高出很多。

曾经被抽调到“清标办”工作多年的石狮市人民法院执行庭法官张风华回忆几年前“清标”经历：“我们让会头开票，把欠会脚的和被别人欠的一笔一笔列出来，然后再核对抵扣。但是很多原始记账凭证都没有，有的随手写在香烟盒或废纸上，根本就是糊涂账，相当复杂，只能搞清楚个大概。很多标会和高利贷交织在一起，性质也发生了变化。”

从“技术层面”来说，“标会”是一种复杂的现金运作方式。刺激它的同样是高利率。刘秉良说，他的30万元就是因为不断有小标会加入而形成的。“作为标会的会头往往不甘于互助筹资，他们希望钱能生更多的钱，因此在会脚们的默许下，会头会找利率更高的会把钱放进去。”这样，“标会”本身形成了盘根错节、大会套小会的复杂的资金链条，钱从百元会流向千元会，千元会流向万元会，万元会流向十万元会。

“如果只做月会，还不会有什么大的问题，因为钱不是很多，后来慢慢变成日会。”刘秉良说，开会的周期大幅缩短，从开始的月会逐步变成半月会、周会、日会甚至一天就要开几次会，竞标的价格也水涨船高，往往一个几十天的会期下来，投进去二三十万元就能赚回四五万元的利息，这也吸引着越来越多的资金流向了标会。

更失控的情况是，这些标会资金成为地下赌场的放贷工具。检察官陈雷说，2004 年著名的福安标会倒会，就是因为资金进入赌场后出现了亏空，福安标会第二大会头李住到公安机关自首，瞬间引发了标会的崩盘，全市几百个标会如多米诺骨牌般倒塌，很多会头和中标会脚趁乱卷款潜逃，让成千上万的会脚损失惨重，有 80% 的家庭受到影响。涉及总金额约 25 亿元。

相比赌场，拥有企业实体和官员后台支持的林凤良，显得安全、可靠，对那些蠢蠢欲动的民间资金更有说服力。“再加上前两年，对标会和赌场的整顿，林凤良那里成为地下标会资金所看好的新出口。”一系列复杂资金链条都指向正蒸蒸日上的闽林集团，林凤良成了泉港区的大庄家。

（资料来源：新浪新闻，http：news. sina. com. cn/c/2006 －07 －06/174710350882. shtml）

案例6：借两千万：造“醋海”拍电视剧“金醋坊”

杜春林，阆中人，2002 年，承建阆中市防洪堤工程，同时开始在阆中及周边县市收购古董。2004 年成立了阆中市醋王宫浴业有限公司，经营范围为洗浴、餐饮、住宿等。2007 年，南充阆中市宣布，将打造一个占地千余亩的“中国醋海”。“我对此项目信心百倍，但是目前外地客商对阆中的交通条件不看好，所以只有等待时机！”2007 年 11 月 21 日，杜春林在接受某媒体采访时说，在爱尔兰旅游时，通过参观吉尼斯酒厂展示酿酒的过程，他深受启发，想到阆中醋文化深厚，要做好醋文化这一品牌，可以打造展示醋文化为主体的“醋海”。

随后，杜春林向市政府提出在阆中开发“醋海”项目，经阆中市委同意，其开始了申报注册、立项、策划等工作，该项目前期投入约 200 万元。杜春林称，因该项目的招商引资已开支接待、路费等近 100 万元左右。同时为宣传阆中醋文化，他花巨资请多位知名作家编写电视连续剧剧本“金醋坊”。“该剧本投入加上路费接待，两项合计约 220 万元人民币。”杜春林说，他以个人名义找民间 35 个人，借了 180 万元左右，月利息 3～5 分。

据悉，杜春林以经营醋王宫、投资“醋海”、购买古董等理由，以给予高息回报，向亲戚、朋友并通过他们介绍对外大量非法募集资金累计共计 2678 万元。截至案发前，除返还部分被害人本金和利息外，杜春林仍有 185 名被害人的 2478 万元尚未返还。2013 年 12 月 4 日，杜春林因涉嫌非法吸收公众存款，被执行逮捕。

2006 年，杜春林在阆中某水泥厂赊欠材料 18 万元，在水泥厂老板赵某多次催款下，杜春林给赵老板写了一张 18 万元的欠条，至今没有归还。“以前觉得他是当地的大老板，是成功人士，不会欠账，就直接把水泥运给他修醋王宫了。”赵老板说，虽然后来要求其写下了一张欠条，“但现在他‘进去了’，谁知道这个款什么时候能拿得回来”。

据了解，2004 年起，杜春林以自己征地并承建的醋王宫商住楼下的 10 间门面，加上租的 4 间门面，共 14 间门面为基础，成立了四川省阆中市醋王宫浴业有限公司。整个装修开支了 300 万元左右，杜春林再次高利借款 100 多万元用于装修醋王宫。

在庭审现场，杜春林回忆称，迄今为止，多数人的借款他支付利息至 2012 年 1 月。“所有借款及还款利息都没有记账，现在也说不清楚借款条上的具体金额。”杜春林说，目前他只能说出个大概，具体数额只能以出具给债权人的借条为准。杜春林称，给借款人支付利息一般是算三四分的利息，最低的有 1 分的利息，最高的有 5 分的利息。“从开始借钱至今，估计已支付了 1000 多万的利息。”杜春林回忆说，借钱给他的人都是通过熟人介绍熟人，亲戚介绍亲戚的方式认识的，“参与介绍的人也多以请对方洗脚、保健按摩、洗澡等方式作为奖励。”

南充阆中市人民法院审理后认为，杜春林违反国家金融管理法律规定，采用通过他人宣传、介绍，并承诺在一定期限内还本付息的方式向社会公众吸收资金，严重扰乱国家金融秩序，其行为构成非法吸收公众存款罪。故判处杜春林有期徒刑 5 年 6 个月，并处罚金人民币 20 万元。据悉，此案也是阆中首例非法吸收公众存款案件。

（资料来源：网易，http：//news. 163. com/14/1015/05/A8IRP32700014AED. html）

案例7：南宁“通五洲”非法集资1.2亿

“投资300元钱，80天内连本带息返还380元。”广西南宁市通五洲科技发展有限责任公司以上述许诺，在过去一年时间内非法集资1.2亿多元。2008年8月12日，南宁市江南区法院开庭审理这起非法集资案，“通五洲”法人代表覃家云等六位公司负责人走上了被告席。

2000年7月，覃家云、李家莲等投资成立“广西南宁市通五洲商贸有限责任公司”，后改为“广西南宁市通五洲科技发展有限责任公司”。公司一成立，覃家云等人就以高额回报为诱饵，进行非法集资活动。集资方案规定每股300元人民币，80天内返还集资款每股本金380元，其中每10天返还1次，分8次返还入股本息；鼓动员工自任“代理商”发展“下线”，每代理一股集资款，奖励30元。

为吸引“投资”者，覃家云花大力气对公司进行“包装”，称公司在深圳、北京设有办事处，在北京还有科研生产基地；公司研制的木瓜蛋白酶再生产医药新产品属国内首创、世界领先的高科技产品；公司有6000万亩的木瓜种植基地，还拥有生产经营野生稔子酒的酒业公司等。这一招果然奏效，越来越多的人开始把资金投入到“通五洲”。为掩人耳目，在写给“股民”的收款凭据上用“借款”一词代替了“集资”，并与股民们签订“还款协议书”。

2000年8月~2001年8月，“通五洲”向公众集资38批，入股股民达1635人，累计集资金额达1.2795亿元，实际集资金额为5718万元。返还集资款1.14亿元，尚欠股民集资本金0.217亿元。

“通五洲”的集资行为很快引起了南宁市工商部门的注意，2001年8月10日，工商等部门指出“通五洲”的集资活动是一种非法集资的行为，必须马上停止。当天，覃家云开会宣布集资活动停止，但暗地里仍未停止。2001年9月~2001年11月，继续集资金额高达64万元。为返还到期集资款本息及奖励给代理商的钱，覃家云等人只有不断地疯狂集资。

2000年8月，南宁市江南区检察院以非法吸收公众存款罪对覃家云、李宝莲、贾懿莉、莫冰、梁文新、邱国安提起公诉。2000年8月12日，南宁市江南区人民法院开庭审理此案。首次开庭从上午 9 点开始审理，到晚上 8 点才结束。鉴于案情牵涉非法集资数额巨大，江南区法院决定择日宣判。

（资料来源：人民网，http：//www. people. com. cn/GB/other4788/2002/214/887923. html）

案例 8：河北“庞氏骗局”崩塌：非法集资 80 多亿元

河北邢台隆尧县三地农民专业合作社（以下简称三地合作社）历时 7 年建立的非法集资帝国坍塌了。

2014 年 12 月 18 日晚，警察控制了隆尧县魏庄镇肖东村的巩群海一家，他的儿子、儿媳被隆尧县公安局以涉嫌非法吸收公众存款罪刑拘。该案涉及全国 16 个省市，涉嫌非法集资 80 多亿元，集资人数超 10 万人！“这是一种传销式的‘庞氏骗局’，收取下一个社员的本金，偿还上一个社员的利润。三地合作社没有实体项目，更谈不上盈利。长时间下来，资金漏洞越来越大，最终肯定崩盘。”接近河北官方的知情人士介绍。

年届 60 的巩群海，于 2007 年 7 月在隆尧县工商局注册了三地合作社。在隆尧县、柏乡县等地，憧憬过上好日子的农民纷纷入社。巩群海曾许下承诺，“在三地合作社入股 1 万元，即可得到 100 袋面粉。此外，4 个月利息 30%，1 年利息 100%。如想退社，返还本金和利息，已被食用的面粉免费赠送”。

柏乡县南黄泥村前黄大队一位村官说，即便是已被当地警方查处，三地合作社在河北部分农民心目中，依旧是“救世主”般存在。因为前期入社的人，从这场游戏中得到了利益。这样的“实惠”至今仍影响着那些入社农民，他们通过上访等方式，要求释放巩群海等三地合作社高层。三地合作社的名气，从河北省传播到 800 千米之外的陕西。从河北当地的一位“社长”处，西安市民耿女士听说了三地合作社。2011 年 11 月，她召集几家亲戚，筹措 260 万元，打给了那位“社长”。因为耿某不是农业户口，不符合三地合作社的入社标准，她只得委托那位“社长”代其入股。

三地合作社成立伊始，业务并没有太大起色。自 2011 年开始，该社宣称找到了拳头产品——富硒小麦。巩群海靠个人魅力，设法让那些农民对富硒小麦的高额利润深信不疑。在三地合作社内部人士提供的宣传材料上，巩群海本人先后获得“新农村建设致富领袖人物”等多个称号。当然，这些都是由民间的团体协会颁发的。巩群海夏天常穿一件破旧的灰黑色T恤，赤红色脸庞大概是因为常年在户外劳作所致。他曾邀请石家庄市高邑县一位村民跟他一起去北京开会。“中午时分，我提出去饭馆吃顿牛肉面，他没同意，而是把随身带的方便面拿出来对付了一顿。他说：‘咱们还是把钱省出来，用在咱合作社发展上吧’”。这位村民很感动，自此加入了三地合作社。在巩群海家，那座只有数间平房的小院内，他的一个追随者至今无法理解：“巩理事长平时连套好西装都舍不得买，自己家又破成这样，再加上咱们合作社这些年都是先进典型，咋能说抓就抓呢?”

这场“庞氏骗局”当中，三地合作社的分社社长、代办员，正是资金漏洞的主要制造者之一。这个群体中充斥着短期暴富的神话。高悦庭曾是三地合作社某分社社长，最多负责过6个村子。在入社并成为管理层的一年多时间内，他的座驾由一台电动车，换成一款价值160万元左右的凯迪拉克。即便如此，高悦庭并不认为自己有钱。他说那些级别比他高、已经被抓的社长，有的在北京还有房子。此言不虚。邢台官方通报称，确有部分社长在石家庄、北京等地购买商品房，“曾经有3个社长一起去石家庄购置商铺，一买就是一排”。一个三地合作社的追随者称，不少社员面临的不仅仅是生计问题，甚至自杀躲债。

“庞氏骗局”在中国又称“拆东墙补西墙”“空手套白狼”。它是层压式推销方式的一种，参与者要先付一笔钱作为入会代价，其所赚的钱是来自其他新加入的参加者，而非公司本身通过业务所赚的钱。投资者通过不断吸引新的投资者加入付钱，以支付上线投资者，通常在短时间内获得回报。但随着更多人加入，资金流入不足，骗局泡沫爆破时，最下线的投资者便会蒙受金钱损失。

（资料来源：搜狐网，http：//news. sohu. com/20150208/n408836782. shtml）

案例9：电子黄金投资集团非法集资案

美国电子黄金投资集团对外宣称是美国佛罗里达州 e－gold 国际集团下属的综合性投资理财金融机构，其网站物理位置先后设在韩国、美国。该集团利用互联网为平台，采取类似金字塔式传销方式，会员只需在该集团网站注册一个免费账户，或接受拥有账号会员转让的一定金额资金，即可进行投资。该集团给出的日收益率高达1.2%～1.7%，月收益率高达40%～60%。投资收益的获取方式有两种：一是出售“电子黄金”币变现；二是“电子黄金”转账提现。投资者登录网页，输入自己的电子账户名和密码，点击“内部转账”，即显示账户的结余额，输入转账金额和SZ88（该网站称是中国统一的银行对接端口），再输入自己的银行卡号、密码、姓名和身份证号码，除周六、周日和美国公共假期外，一般在12～48小时内即有对应的人民币到达个人银行账户并可以取款。这一集资活动短期内迅速波及17个省份，其在江苏的集资活动主要集中在无锡。到2007年1月，运行近5个月的“电子黄金投资集团”网站突然关闭，联系人的电话也打不通了，会员手上的“电子黄金币”成了一串毫无用处的数字。无锡有400余人身陷其中，投入资金高达707万元。

“电子黄金投资”是利用互联网非法集资的形式之一。该集团宣称的回报率如此之高，风险还几乎为零，显然违反了最基本的商业规律。其次，网络的虚拟性更加剧了风险。此类网络集资、传销的经营过程中的全网络化，使经营者隐藏很深，一旦公司出现问题，他们可以轻易地携款潜逃。

（资料来源：新浪新闻，http：//news.sina.com.cn/0/2009－06－07/023915749165.shtml）

案例10：建阳特大非法集资案件：3人合伙两年吸金近5亿

2013年1月11日，记者从建阳市人民法院获悉，该市影响巨大的一起非法吸收公众存款案审结。项某、谢某、汤某等人合伙以经营木材套票生意为幌子，两年时间非法吸收公众存款4.648亿元，且现今尚有2.2057亿元未归还。法院一审分别以非法吸收公众存款罪判处项某有期徒刑8年，并处罚金40万元；判处谢某有期徒刑6年，并处罚金30万元；判处汤某有期徒刑4年6个月，并处罚金22万元。

据悉，2008年5月开始，刘某（另案处理）以与建阳一家木业公司做木材套票生意（即利用该木业公司等企业对外地木材给予运费补贴的优惠政策，从事将本地木材配上外地开具的税票，使本地木材变为外地木材，从中赚取差价的生意）为由，隐秘地向周边熟人集资，声称“一起发财”。

随着资金在多人之间层层转借，逐步形成了以项某、谢某等为主线的类似于传销模式的上下线链条，整个链条的各个层级所获收益不等，资金拆借者最少能拿到月息1.5%～2%，高的甚至高达月息8%～9%。此时，项某与刘某合伙以做木材套票生意为由，向温某等58人非法吸收存款24326.95万元。截至案发当日，尚余10378.3万元未归还。

2010年4月，谢某与刘某相识，遂开始与其合伙经营套票生意，截至案发前，共向社会不公开对象李某等74人通过承诺支付高额利息的方式非法吸收资金16107.5639万元，尚余9301.3834万元未归还。2010年6月至2011年8月，汤某以项某与两家木业公司合作木材生意需要资金为由公开向社会融资，并将融资所得钱款转借项某从中赚取利息差价，先后多次向林某等25人融资6045.6万元，尚余2377.6万元未归还。

2011年8月5日，项某到建阳市公安局投案自首，随后谢某、汤某也相继投案自首。截至案发当日，这3人共非法吸收公众存款4.648亿元，尚有2.2057亿元未归还。建阳市人民法院经审理后认为，项某、谢某、汤某非法吸收公众存款数额巨大，给受害人造成重大损失，其行为严重破坏了国家金融管理秩序，鉴于3人能主动投案，且案发前后已归还部分非法吸收的资金，依法可酌情从轻处罚，综合考虑，故做出如上判决。

（资料来源：福建新闻网，http://news fznews. com. cn/dsxw/2013－01－13/2013113jeopdzjvaa11231－2 shtml）

案例11：甘肃3300人非法集资案

2007年4月4日，“听到有人集资建房低价拿到大圣公司开发的‘大圣花园’一期工程的《房产证》”后，已经第二次分到“红利”的王邦统“没有丝毫犹豫”，当即筹集30000元作为“大圣花园”二期房款集资款，双方签订《企业集资建房协议书》，利息为14%。

“房价才1800元每平方米”，按当时4000元以上兰州市房地产的市价，一直想换个大房子的王邦统“怎么算都觉得很划算”。按照协议，投资16万元即可得到一套近80平方米的住房，对于王邦统这样一次性不能交纳16万元的“股东”，大圣公司推出了更诱人的“集资建房”合作方案，即按集资款14%～15%的利息返还，如果集资达到16万元，仍可兑换房产。随后的两年，王邦统如期分得近8000元集资房款“红利”以及“原始股”红利。2009年4月18日和25日，为了实现有两套不同户型房子供选择的可能，他和老伴拿出40000元和20000元存款，按14%和15%的利息，再次与大圣公司签署《集资经济适用房预售协议书》。同样在2007年，计恒于4月11日～9月14日先后将80000元集资建房款交付大圣公司，而按照合同她还得补交90000元……在兰州6个日日夜夜，记者辗转采访这座城市数十个“投资者”，他们的财富故事叠加成一个共同的影像。

自2005年3月至今，兰州市有3300多人“投资”大圣公司，90%以上是中老年人，集资人主要为高校教师、退休工人、个体户、铁路职工、军队离退休人员等。就在王邦统最后一次（4月25日）将集资建房款交付大圣公司相隔17天后的5月12日，老人不仅没有等来“额外给予老股东每1万元近1000元奖励”的“红包”，反而等来大圣公司涉嫌非法集资被查的现实。

据甘肃省公安厅2009年11月20日通报：大圣公司是2002年9月经甘肃省政府批准成立的一家民营企业。自2005年起，大圣公司转向民间集资融资，把非法集资作为主要经济来源，在社会上以中老年群众为对象，以出售该公司股票和集资建房、集资建厂的名义，以每年8%～15%的高额利息为诱饵，采取给予5%～10%的提成奖励、组织免费旅游、免费活动、送礼品等活动，向甘肃兰州等地的群众3300多人次非法集资近亿元。2008年3月26日，甘肃省公安厅经侦总队依法对大圣公司立案侦查。截至目前，甘肃省公安厅已抓获了10名犯罪嫌疑人，其中7名已被检察机关批准逮捕，扣押、冻结涉案资金100多万元。公司法定代表人、董事长齐进军秘密非法出境。

甘肃省公安厅经侦总队大队长薛峰介绍，据犯罪嫌疑人交代，大圣公司非法集资之所以能够得逞，“主要是他们采取了用后期非法集资垫付先期非法集资者的本息，制造按期履约假象，维系资金运转，骗取更多的群众参与集资，非法集资额的32%已经用于支付先期集资者到期的本息”。

在兰州，坊间盛传这样一个让人心酸的故事：王菊琴的爱人2009年4月住院时，携带的一个小箱子从不离身，听到大圣公司出事的消息不到一周，老人便撒手人寰，临终时怀里还抱着那个装有向大圣公司投资的合同和收据的小箱子。对此，集资者苗峰向本报记者证实：王菊琴的爱人是干部，她本人是工人。老两口不顾子女强烈反对，先后向大圣公司集资近 30 万元。大圣公司出事后，老人还是一直抱着那个箱子的，后来就再也没打开过。与以往参与非法集资的人员结构有所不同的是，大圣公司非法集资案件中，出现了“集资三高”：集资者投资额高——最高额达百万元；集资者年龄高——84 岁；集资者受教育程度高——高校教师和中科院教授等高学历者。而这“三高”均指向——高回报。

记者在大圣公司非法集资工作协调小组的一份《关于接访组接待登记工作情况的汇报》中看到：军队干休所离退休人员集资 20 万 ~50 万元，60% 的人员集资 2 万 ~3 万元不等，极少数高校教师和中科院教授集资近百万元。“股民们被忽悠了，被高科技忽悠了，被所谓的证书和荣誉忽悠了，同时也被一些不负责任的媒体忽悠了。”2006 年初参与兰州市非法集资调查的兰州当地媒体《鑫报》记者告诉本报记者，大圣公司所有的集资活动均向市民散发印有各类证书和荣誉的宣传彩页，其公司墙上更是将这些荣誉证书悬挂在醒目的地方。

不断变换媒体身份，在包括中央级以及省市级在内的报纸、电台和网站宣传企业，以及进行个人“专访”，是“股民”被大圣公司“忽悠”的另一重要原因。记者粗略统计发现，不下 30 家媒体为其做过各种各样的宣传与报道。这位当年调查过大圣公司非法集资活动的记者，清楚记得当年在兰州繁华街道到处都是该企业临时招聘的业务员，而这些业务员大都以当年或者前两年无法解决就业的大学生为主，企业吸引他们的是高额回报，那就是每份订单背后的“高达 5% ~10% 甚至 20% 的提成”。

“那些日子，每逢双休日，兰州的大街小巷、公园码头便经常看到建起临时帐篷，拉着横幅专向老年人散发‘低投资、高回报、无风险’的传单的场景，甚至在一些高档宾馆礼堂组织演讲宣传”，并组织老人到市区和郊区一些公园免费游玩。为了进一步取得信任，有些老人还被企业和投资人选派为代表到该企业生产基地参观，当天投资者还会得到企业现场免费赠送的踏花被之类的礼品。“非法集资和集资诈骗案件的不断发生，直接指向政府以及职能部门监督不力。”兰州商学院法学院副院长何立慧博士指出，“那些向这个光环里面‘注水’的部门和个人必须承担相关的法律责任，那些为非法集资企业出具或者提供虚假证书和资质的机构，同样负有连带责任。”“股权托管机构？没听说过，应该是中介机构吧！”2009 年 12 月 14 日，兰州市中央广场 2 号，甘肃省政府金融办二处处长张新兰这样回答记者有关甘肃股权登记托管公司的询问。记者调查发现，大圣公司的"股东们"身边都珍藏着三样"证据"：大圣公司出具的收款收据、《集资建房协议书》以及甘肃股权登记托管服务有限公司发的《股权托管卡》。但每个投资者的"收据"备注栏均注明：托管卡到位收据退回。

甘肃股权登记托管服务有限责任公司到底是个什么样的机构？其盖有托管部业务专用章的"托管卡"到底具备什么样法律保护效力？

"大圣公司从2005年4月到2007年底，一直在集资，也就是在增资扩股，并且在托管公司登记，股权登记所应该有确认的义务。"集资者代表沈荣华代表集资者给甘肃省政府的一份报案材料里，提出以上质疑。对此，甘肃股权托管服务机构一位姓许的工作人员这样解释，他们只是"股权名册管理机构"。一位姓雷的经理进一步补充，他们是"企业单位，上级指导部门是省国资委"。在该机构的一份《甘肃股权托管服务机构》简介上，明确注明"甘肃省人民政府国有资产监督管理委员会"为"指导机构"。那么，甘肃省国资委是否更清楚其"指导"下的甘肃股权托管服务机构的权利义务范围呢？"我们监管企业名单里没有这个公司。"甘肃省国资委宣传部王部长十分肯定地回答了记者对甘肃股权托管服务机构的疑问。立案后缘何继续集资2000万据大多数集资者的说法，他们是在2009年5月12日才得知大圣公司因非法集资被查封的消息。

（资料来源：新浪财经，http：//finance. sina. com. cn/roll/20100106/09327200636. shtml）

案例12：浙江王菊凤非法集资4.7亿

"被告人王菊凤犯集资诈骗罪，判处死刑，剥夺政治权利终身。"2010年2月23日，被外界称为"台州吴英"的原浙江省台州经济开发区兰鑫商务酒店法定代表人王菊凤，因非法集资4.7亿余元，至案发尚有1.2亿余元未归还，被台州中级人民法院一审判处死刑。当审判长宣读完判决书，这个曾一度在台州名声显赫的时尚"女能人"，待了几分钟后，"咣当"一声昏倒在地……

在民营经济发达的台州，"女能人"王菊凤算得上是一位风云人物。在这起台州迄今为止最大的非法集资案背后，无论是"女能人"本人的表演，还是圈钱“中间人”无奈的表白，或是被害人荒唐的要求，都有留给旁观者深深反思和回味的价值。“女能人”的法庭陈述有许多令人回味的关键词：我付的利息超过本金、我不想解释、由法官处理、我不上诉、我想争一口气……

法庭上，检察机关指控的起诉书有24页，长达1万余字。检方指控，2005～2008年，王菊凤以非法占有为目的，制造了她与台州市政府领导、市领导亲戚合伙做生意的假象，虚构投资铁路、环保、市政府采购等项目，非法集资4.7亿余元。这些钱大部分被用来支付高额利息、个人挥霍与“六合彩”赌博。其中，赌博累计输掉2703万元。至案发，造成损失1.28亿元。庭审中，王菊凤对被指控的大部分事实含糊其辞或不作正面回答。她说话声音轻如蚊吟，法警调整了话筒，她还是把声音压得很轻，记者坐在第一排旁听，依然感觉很费力。对1.28亿元“亏空”的去向、用途等焦点问题，她被问急了就说：“细节问题，我不想解释，也无法解释，反正已讲不清楚了，随便你们定（什么罪）好了。”在被告人最后陈述中，她只说了一句话——由法官处理。她的辩护人认为，被告人王菊凤与陈文敏、童某等人的资金往来数额不清，对王菊凤用现金支付的款项数额未查清。仅凭银行往来账目和借条来认定集资数额，系以偏概全。起诉书指控的损失数额，大部分是用于归还借款利息，少部分投资兰鑫酒店等。关于辩护人提出银行往来和借条、欠条并不能全面反映本案的借款和欠款数额，若扣除被告人王菊凤用现金支付被害人部分，本案损失数额远低于1.2亿元的意见，法院认为，经查，非法集资及损失数额的认定，是根据银行往来和借条、欠条等书面证据，并结合被害人陈述、被告人供述等言词证据，综合做出认定。故对该辩护意见不予采纳。一审宣判时，等昏过去的王菊凤清醒后，审判长问她是否上诉？她的回答出人意料：“我不上诉。”

用虚构的关系网，她骗取了很多受害人的信任。王菊凤的“传奇故事”最早可追溯到20世纪90年代。10多年前，她做的“生意”是倒卖海关通行证。因为这事，2000年，她被台州中级人民法院以非法经营罪判处有期徒刑7年，2004年5月释放。出狱后，她去广州卖衣服，没赚到钱。2005年，她跑到俄罗斯，发现出口羊毛衫利润很大，她决定抓住这个商机。

第一笔资金是王菊凤的姐姐无偿出的。之后，王菊凤又和狱友伍玉华向别人以高利息借了几百万元。虽然利息很高，但王菊凤算过，如果生意正常，还是有赢利的。很多借款人都特意去看了她的加工点，对借钱给她也比较放心。2006年4月，因负责到俄罗斯销货的人护照过期，王菊凤的两集装箱羊毛产品在俄罗斯被扣，让她损失了1000多万元。怕催债没钱还，王菊凤决定瞒住真相，对外宣称羊毛衫生意很好，继续借钱弥补漏洞。这事，就连合伙人伍玉华，她也瞒着。

“我刚从监狱释放，不想让别人看到自己又跌倒了，我想争一口气，只能靠向社会借款维持资金周转。”案发后，王菊凤交代，她告诉自己一定要顶住，能想的办法都想了。在外人眼里，王菊凤有着很好的关系网。她对外宣称和台州市政府领导是同学，和领导秘书也很熟。而这些只不过是她用来圈钱的幌子。

当初，为了让大家相信自己，王菊凤可是下足了功夫。在一次饭局里，王菊凤结识了在外地办企业的某领导外甥。接下来的几次饭局中，她又把领导的外甥介绍给其他企业家认识。其中，在场的就有包工头吴老板。王菊凤对吴老板许诺，通过领导秘书每年能安排几个人的工作，说把吴老板的女儿安排到市委办公室，外甥安排在台州市建设局。直到被抓前，她还对吴老板说，工作已安排好了。取得吴老板的信任后，王菊凤虚构投资环保、市政府礼品采购等项目，以10%～20%的高额回报为诱饵，开始不断向吴老板借钱。

有一次，吴老板提出需要有人担保。王菊凤就把他带到市政府附近，此时有个人坐黑色尼桑轿车过来。王菊凤告诉吴老板，这个人就是市领导的秘书。其实，这个人只是和真的领导秘书名字相同而已，他的真实身份是路桥的一名生意人，从没有在市政府上过班。之后，王菊凤顺利地从吴老板那里累计借款10493万元，已归还9053万元，造成损失1440万元。

就这样，很多人相信了王菊凤的关系网。据了解，那些被害人有王菊凤通过朋友认识的、搓麻将认识的、在酒店装潢时认识的，甚至有开了酒店之后来吃饭住宿的客人。跟她有往来的朋友都说，初次见面，都觉得她很爽快，乐意跟她交往，所以许多人信任她，借钱给她，有的连借条都没写。“她牛的时候，人家将钱主动送上门，还要找关系才能借给她。”

“中间人”声称，“我也是受害人”和她一同受审的还有李辉彬、陈文敏、伍玉华3个被告人，他们涉嫌非法吸收公众存款、非法经营、挪用公款罪。这3人都和王菊凤的圈钱有关，是其中关键的“中间人”。帮王菊凤非法集资的人非常多，一些重要的“中间人”有童某等10多人。童某有五六家大企业，衢州有个大型机电设备市场也是他的，还有许多地。他帮王菊凤借了两个多亿。

不过，童某非常精明，后期怀疑王菊凤还不起钱，就说自己在衢州的投资回报很高，需要从银行贷款，银行要验资，所以让王给他借几千万元，无论多高的

利息他都支付，等银行放贷给他了，他马上将钱打给王。王菊凤相信了童某，四处帮童某借钱，筹措了五六千万元给了童某，童某却说钱被银行卡住了，得重新找银行贷款，还需要保证金，又让王菊凤给他借了几千万元。这导致王菊凤的资金链彻底断裂。事后，王菊凤说起童某就来气，说自己不欠童的钱，还被童某骗了很多钱。检察官通过查银行账户，确认王菊凤还欠童某2000多万元本金，童某对这个数目表示认可。童某出事后，变卖了部分企业和房产，价值150多万元的保时捷也卖了，现在改开几万元的吉利轿车，用于偿还他欠下家的钱。因此，检察机关对他执行不诉决定。

李辉彬，46岁，台州某公司的法定代表人。他为了赚取高额利息差，非法吸收公众存款累计1029万元，再以月利9%～15%转借给王菊凤。至案发，造成损失329万余元。另外，王菊凤在李辉彬等人为庄家的“六合彩”投注站累计输掉4862万元，赢回2429万元，亏空2433万元。而李辉彬从中非法获利300万余元。法院最后认定李辉彬犯非法吸收公众存款罪，判处有期徒刑5年，并处罚金人民币20万元；犯非法经营罪判处有期徒刑10年，并处罚金人民币350万元。决定执行有期徒刑13年，并处罚金人民币370万元。

陈文敏是黄岩区某模具厂的法定代表人，他非法吸收公众存款累计1786万余元，转借给王菊凤，造成损失951万余元。他还伙同黄岩新来村原村支书和主任（均已判刑）挪用该村土地征用款2000万元，借给王菊凤用于营利活动。法院最后认定陈文敏犯非法吸收公众存款罪，判处有期徒刑7年，并处罚金人民币50万元；犯挪用公款罪判处有期徒刑5年。决定执行有期徒刑10年，并处罚金人民币50万元。陈文敏在庭审最后陈述中表示“要求从轻处理，其实我也是受害人”。一审宣判后，他当庭表示要上诉。

伍玉华是王菊凤的“好姐妹”，曾因犯非法吸收公众存款罪被判9年，在被保外就医期间，为王菊凤吸收资金210万余元。这次，她又犯非法吸收公众存款罪，被判处有期徒刑2年，当日被取消取保候审，收监执行，她本人也当庭表示不上诉。

本案的被害人众多，社会影响之大是参与办案的公、检、法人员始料不及的。开庭前，主审法官找几十个被害人核对被骗数额，就用了整整一天时间。对于大多数“借款”，王菊凤都表示认可，只有几笔有异议，她说借的钱已经还了，有的还是高于本金支付了高利息。“王菊凤与陈文敏、李某、童某（另案处理）等人资金往来的数额都是不清楚的。用现金支付了被害人的，现金具体的数额没有查清楚。王菊凤造成的损失数额远远低于1.2亿元，在被害人自报的数额中，不排除被害人虚报的情况，应当按照有利于被告人的原则，对数额进行剔除。虽然各被害人在本案中损失比较大，但被害人也存在过错，被害人看中王菊凤的高额利息，才借款给她，可以适当减轻被告人的法律责任。”王菊凤的辩护人在庭上为其作了辩护。

由于有几笔借款找到了新证据，在原有4.7亿元的金额上，王菊凤的非法集资总额还要增加100多万元。几十名参加旁听的被害人都比较冷静，整个庭审过程中，没有出现任何情绪过激行为。之前，这些被害人曾多次到公、检、法机关和市政府等部门上访，希望从王菊凤被扣押的财产中分一些钱回来。他们还联名要求法院对王菊凤从轻处罚，希望她出来后还能弄到钱，好还给他们。

众多的被害人中，不乏放高利贷者，借给王菊凤的钱有的利息高达10%～20%。而按相关法律规定，超过银行同期贷款利率4倍以上的，法律不予保护。据了解，公安机关扣押的王菊凤财产不足1000万元。其中，王菊凤在路桥的一处房产已抵押给杨某，目前侦查机关已冻结了以杨某名义登记的该房产。侦查机关扣押、冻结的路桥区望景湾小区18号别墅，目前财产权属尚有争议。本案被害人认为，购买别墅的款项系非法集资款，那么别墅就是赃物，应当追缴，发还被害人。买受人喻某认为其系合法购买别墅，别墅应依法归其所有，公安机关查封行为违法，要求法院解除查封。为了给争议双方提供充分的抗辩权，法院留待以后解决。目前，到位的最大一笔资产只有兰鑫商务酒店资产拍卖款——300余万元，该款已转到公安机关账户。部分名贵的珠宝首饰等扣押在典当行，但典当行拒绝交出。宝马等汽车虽被侦查机关限制转户，但尚未能扣押在案。王菊凤在李辉彬处投注六合彩4862万元，输掉2432.61万元。这些赌资，目前也无法从李辉彬处追赃。被害人要求公安机关向更高一层的收注人处追赃。可是，追赃等善后工作却十分艰难。依照《国务院办公厅关于依法惩处非法集资有关问题的通知》等有关规定，非法集资一经认定，非法集资案件的债权债务清理清退等处置善后与稳定工作，应由人民政府负责。目前，台州中级人民法院已按规定书面向市委、市政府及有关部门报告处理。

（资料来源：网易新闻，https：//news.163.com/10/0224/20/60AI/BUT000120GU－zhtml）

案例 13：浙江玻璃 48 亿元“非法吸存”庭前幕后

昔日绚丽的烟花逐渐散尽。当浙江玻璃（0739. HK，以下简称浙玻）董事局主席冯光成出现在法庭，一种英雄落幕的苍凉感迅速蔓延，旁听席上不时发出唏嘘声。因听力障碍，冯光成不断重复着激动的抗辩，导致法警不得不经常上前拍拍肩，以示冷静。

这位境内民营企业香港第一股的掌舵者，如何将一家上市公司玩到停牌一年半有余，又如何涉非法吸收公众存款罪之嫌，身陷近 48 亿“非吸”黑洞？随着绍兴县人民法院的庭审，冯光成及其昔日麾下融资团的运作脉络逐渐清晰。

然而，冯光成在法庭上不断提及原光宇集团总经理没被列入被告，并表示抗议；他还要将相关证明该总经理参与“非吸”的证据提交给法官。但法官当庭未予接受。庭审持续了一天，法官当庭宣布，后续庭审时间未定，再行通知。当天庭审结束后，冯光成在一群人簇拥下一步出法院大门。记者欲上前访问，一彪形肌肉男迅速挡上前来，冯语气谦逊地婉拒了访问。边上有人透露，他现在被“监视居住”。

浙玻是中国内地首家在香港联交所上市的民营企业，2001 年 12 月 10 日上市，旗下包括浙江玻璃厂、青海碱业等，总资产超过 130 亿元。浙玻曾带动了当地一个镇 20 多家民企上市。不过一波宏观调控下，相关概念股大跌。如今，浙玻停牌已超过一年半。冯光成的故事背后，凸显的是中国民营企业家在境内外资本运作、投资扩张与收缩等因素中，无法把控的短板。

2011 年 9 月 22 日上午，绍兴县人民法院二楼 1 号审判庭，一场被检察机关指控涉嫌金额高达近 48 亿元的非法吸收公众存款案一审开庭。涉案主角是当地赫赫有名的企业家冯光成及其昔日“将帅”共 5 人。辩方律师团，分别为来自上海锦天城律师事务所杭州分所、北京康达律师事务所、浙江越光律师事务所、浙江国大律师事务所的律师。

9 时许，五名被告在法警带领下进入被告席。冯光成板寸头，着深灰色西装，面容憔悴。因为左耳据称有听力障碍，冯光成法庭上自辩数度搭话如同“自说自话”而被法官“提醒”。自辩到激动处，冯光成会颤抖地挥舞着大大的手掌，上市公司董事长的“气场”再现。

由于需要资金庞大，浙玻以高管、财务人员为主成立了一个“民间借贷团”，共约十来人。庭审控辩中，这个团队的运作细节逐渐清晰。冯光成的身份是浙江光宇集团董事长、浙江玻璃股份有限公司董事局主席。同时，被列入被告的还有徐炳校、宋宇、谢勇、李国军等“财务将帅”，均为光宇集团或浙玻高管，包括副总经理、主管财务等。

绍兴县检刑诉〔2011〕528号起诉书显示，冯光成现年62岁，初中文化，家住绍兴县杨汛桥真联社村马社85－1号。因涉嫌非法集资，于2010年9月2日被绍兴县公安局监视居住，于2011年3月2日，转被绍兴县检察院监视居住。

宋宇，1980年出生，大学程度文化，原系光宇集团副总经理。因此案于2010年9月21日被绍兴县公安局刑拘，2010年10月27日被批捕。同年12月24日经绍兴市人民检察院批准延长侦查羁押期限一个月。2011年1月26日，经浙江省人民检察院批准延长羁押期限二个月。徐炳校，1970年出生，大专文化程度，原系光宇集团董事局主席助理。因此案于2010年11月24日被绍兴县公安局刑事拘留，2010年12月29日被逮捕。李国军，1979年出生，文化程度高中。原系光宇集团副总。绍兴县杨汛桥镇展望村展望404号。因此案于2010年11月24日被绍兴县公安局刑事拘留，2010年12月29日被依法逮捕。2010年8月31日，冯光成到绍兴县公安局投案自首。本案由绍兴县公安局侦查终结，以上述人士涉嫌非法吸收公众存款罪，于2011年2月28日向检察院移送审查起诉。其间，退回绍兴县公安局补充侦查二次，绍兴县补充后，于2011年7月22日再次将本案移送审查起诉。

审查结果和公诉状显示，2005～2009年，冯光成在担任浙江玻璃、光宇集团董事长期间，为弥补上述两公司生产投资、银行转贷等大量资金缺口，以支付2%～12%的月息，单独或授权宋宇、谢勇、李国军、徐炳校等以公司名义，向社会上100多户不特定的个人及单位非法吸收存款，合计近48亿元。已归还本金和支付利息总共近42亿元，至今未归还的本金为16亿多元。

2011年3月2日晚7点半，冯光成在杭州浙江医院又一次接受了警方1个小时左右的询问笔录，这条资本聚集与腾挪之路，更加清晰。近48亿元的资金黑洞，起因是关于水泥的政策调控。2005年初，受宏观调控影响，水泥业务的运营遇到了诸多困难。当时H股股票大跌，国内出台针对水泥领域的调控政策，银行开始收贷。

当时，冯光成其实也刻意遵从政策转向，欲及时调整发展方向，重新确定了“做大做强玻璃和纯碱两大产业，退出水泥行业战略部署”的总体思路。冯曾于2006年底，将陕西富平水泥股权全部转让给意大利水泥；2007年，又将浙江省内的水泥企业股权100%转让给了中国建材集团。但远水救不了近火。曾在一个月中，银行收贷24亿元，这给正处于扩张状态的浙玻致命打击。为了填补资金黑洞，冯光成迅速启动了民间借贷。

法庭调查及辩论，就主要围绕是否构成非法吸收公共存款罪、单位犯罪是否存在主从犯划分等展开辩论。首先，由于直接参与的人数众多，究竟是单位犯罪还是个人犯罪，成为辩论焦点。庭审中，辩方律师认为，冯光成在涉案过程中，始终以公司而非个人名义进行借贷。因此，虽存在借贷行为，但事实行为均由单位完成，但公诉单位只诉个人而非单位颇显蹊跷。且起诉书显示，另有多名光宇高层涉案，但公诉方均未对其提起诉讼，有失公允。公诉人对此回应称，光宇集团和浙玻两家公司均构成犯罪，但控方有选择起诉对象的权利。辩方律师则认为，如果要审理非法吸收公众存款一案，必须将两家单位列为诉讼：“如果单位不构成犯罪，整个前提业已不存在，那么单位其中的工作人员何犯罪之说？如果五人行为已经构成犯罪，公诉人亦承认单位犯罪，那么单位何以不成为被告人？”公诉人称，前后均依照公安机关出具证据及意见提起诉讼，而对涉案单位提起诉讼存在“有否必要的问题”。面对辩方律师提出的“究竟是单位犯罪还是个人犯罪”一问，其称“指控的是个人共同犯罪，但单位亦构成犯罪”。

浙玻及光宇集团目前已由镇政府及县政府解困小组接管。另外，对于冯光成涉嫌非法吸存，检察机关在庭审中出示了多个证据，包括省政府会议纪要，重组纪要，资金借据和收据，被告人的供述和辩词及债权人的证词等。不过，冯光成对犯罪一说并不认可。他认为，所有借贷均用于维持公司生产运营稳定，并不存在非法占有或是个人牟利意图。

2008年开始，因宏观调控等原因，银行信贷收紧。此前据知情人透露，当时有银行最高一天收缩信贷24亿元。处于两难处境下的冯光成选择以民间借贷方式偿还银行借贷，并在公司之间相互拆借，从而形成巨大的债务黑洞。“如果不是为了公司和员工，我有什么理由去借贷？政府说借高利贷是饮鸩止渴，那么银行不肯放贷，又要维持公司正常运营，我还有第三条路可以走吗？”庭审中，冯光成情绪激动。

侦查报告书显示，对于贷款人是否具有最高法司法解释罗列的“亲友”关系，宋宇、谢勇、李国军、徐炳校交代，他们系受冯光成的指派以光宇集团的名义，向社会有资金周转能力的对象借款。借款对象分三类。第一类为与光宇集团有业务交往的企业及个人；第二类为与冯光成、宋宇、谢勇、李国军、徐炳校有交往的企业与个人；第三类为与他们原本无交往，但出于光宇集团集资的目的，经他人居间介绍的社会不特定的企业及个人。

对于采用何种方式公开宣传向社会借款，讯问笔录显示，2006 年初因国家经济政策的变化，光宇集团资金周转困难，冯光成基本每周开集资例会，要求他们向社会有资金周转能力的企业及个人集资，他们即通过曾有交往的个人，社会上的资金掮客等，以口口相传的方式向社会上不特定成员传达。对于起诉书所列数额，冯光成亦予以反驳。他称，审计债务之时，自己并未参与，因此利率多少均由债权人说了算。他坚称借贷金额除去已偿还的本息，剩余金额应不超过 5 亿元，检察院所列剩余 16 亿元债务中，至少有 9 亿元并不属于浙玻。而且他认为，浙玻债权人多集中于杭州、绍兴及金华等地，双方多为熟识关系，而非向不特定人群吸取资金。

庭审中，冯光成多次提及“刘建国”。刘是浙玻董事局主席助理，被冯称作负责浙玻借贷的关键人之一。“怎么把刘建国吸收的金额也归我头上?”冯光成质疑。刘建国是否参与借贷，冯刘二人之间存在何种问题，目前仍不得而知。

1998 年，光宇集团成立，冯光成出任董事长兼总经理。2000 年 8 月起，光宇集团旗下控股子公司浙江玻璃踏上了赴港上市之路。从 2001 年 11 月 1 日联交所聆讯通过，到 2001 年 12 月 10 日 H 股挂牌，其速度之快，让市场为之一振。浙玻也成为境内第一家在香港主板上市的民企。融得 5.6 亿元资金后，浙玻开始全国“大跃进”。2002 ~ 2009 年，12 条玻璃生产线相继点火。此外，公司分别于 2003 年 3 月和 7 月，成立了浙江工程玻璃有限公司和青海碱业有限公司，并向水泥产业拓展。当时的冯光成意气风发，不仅引领光宇集团成功打造内地第一只 H 股——浙江玻璃，还出奇制胜地发行了浙江水泥股权信托产品，真正成为募集资金的行家。“因为这次突破，当地一个镇，之后就涌现出 20 来家上市公司。”一名官员透露。没想到，因为上述系列因素的叠加，扩张竟然成了冯光成和他麾下企业的桎梏。

2010 年 9 月 22 日的庭审现场，100 多个旁听席位，落座了半数。和其他的非法集资案件明显不同，无论光宇集团员工、家属还是债主都对媒体避之不及，并拒绝回答记者提问。浙江玻璃作为上市公司，此案件发生后，记者也没查询到相关的信息披露。庭审从上午 9 点开始，午间仅仅休息 1 个小时，到下午 5 点结束，后续开庭再听法院通知。不过截至记者发稿时，尚未获得进一步开庭的时间信息。这个在港股资本市场滑铁卢，又身陷非法吸存的“成功企业家”，是因国内宏观政策的调整而无法圆润转身的一个剖面。

自浙玻债务缠身之后，冯光成已消失于公众视野两年。此庭审为他第一次公开露面。2010 年 2 月开始，冯光成被绍兴县公安机关监视居住，此后在媒体上销声匿迹。2008 年浙江玻璃遇困，冯光成深陷高利贷传闻便从未间断。至今浙玻的重组和青海碱业的监管工作亦步履维艰。庭外有知情人士透露，浙玻重组中，青海碱业由于牵涉到浙江和青海两省参与的政府机构，如何处置，如今尚属一团乱麻。

（资料来源：搜狐财经，http：//business. sohu. com/20111024/n323196239. shtml）

参考文献

[1] A Morse. Peer – To – Peer Crowdfunding：Information and the Potential for Disruption in Consumer Lending [J]. Social Science Electronic Publishing，2015，7 (1).

[2] Agarwal S.，Hauswald R.. Distance and Private Information in Lending [J]. Review of Financial Studies，2010，23 (7).

[3] Ayyagari M.，Demirguc – Kunt A.，Maksimovic V. Formal Versus Informal Finance：Evidence from China [J]. The Review of Financial Studies，2010，23 (8).

[4] Bartus T.. Estimation of Marginal Effects Using Margeff [J]. Stata Journal，2005，5 (3).

[5] Besanko D.，Thakor A. V.. Competitive Equilibrium in the Credit Market Under Asymmetric Information [J]. Journal of Economic Theory，1987，42 (1).

[6] Boissevain J.. Friends of Friends：Networks，Manipulators and Coalitions [M]. New York：St. Martin's Press，1974.

[7] Bourdieu P.. Cambridge Studies in Social and Cultural Anthropology [M]. London：Cambridge University Press，1977.

[8] Bourdieu P.，Coleman J. S.. Social Theory for a Changing Society [M]. New York：Russell Sage Foundation，1991.

[9] Bowles S.，Ginitis H.. The Evolution of Strong Reciprocity：Cooperation in Heterogeneous Populations [J]. Theoretical Population Biology，2004，65 (1).

[10] Burt R. S.. Structural Holes：The Social Structure of Competition [M]. Boston：Harvard University Press，1993.

[11] C. G. Turvey, R. Kong. Alternative Estimates of Weighted Implied Volatilities from Soybean and Live Cattle Options [J]. Journal of Futures Markets, 2010, 10 (4) .

[12] Chan Y. S. , Kanatas G. . Asymmetric Valuations and the Role of Collateral in Loan Agreements [J]. Journal of Money, Credit and Banking, 1985, 17 (1) .

[13] Coleman J. S. . Social Capital in the Creation of Human Capital [J]. American Journal of Sociology, 1988, 94 (1) .

[14] Coleman J. . Foundations of Social Theory. Cambridge [C] . International Symposium on Mobile Agents, 1990.

[15] Cotugno M. , Monferra S. , Sampagnaro G. Relationship Lending, Hiera – rchical Distance and Credit Tightening: Evidence from the Financial Crisis [J]. Journal of Banking and Finance, 2013, 37 (5) .

[16] Dang T. V. , Wang H. , Yao A. . Chinese Shadow Banking: Bank – Centric Misper – ception [Z]. Working Papers, 2014.

[17] Degryse H. , Ongena S. . Distance, Lending Relationships, and Competition [J]. Journal of Finance, 2005, 60 (1) .

[18] Douglas G. . The Declining Significance of Guanxi in China's Economic Transition [J]. The China Quarterly, 1998, 154 (154) .

[19] E. Uslaner. The Moral Foundations of Trust [M]. London: Cambridge University Press, 2002.

[20] F. Sabatini. Social Capital and Labour Productivity in Italy [Z]. Working Papers, 2006, No. 30.

[21] Fafchamps M. , Gubert F. . The Formation of Risk Sharing Networks [J]. Journal of Development Economics, 2007, 83 (2) .

[22] Field J. . Social Capital [M]. London: Routledge, 2003.

[23] Freedman S. , Jin G. Z. . The Signaling Value of Online Social Networks: Lessons from Peer – to – Peer Lending [Z]. Working Papers, 2014

[24] Fukuyama F. . Trust: The Social Virtues and the Creation of Prosperity Penguin London [J]. 1995.

[25] Gao S. , Wang Q. . Chasing the Shadow in Different Worlds: Shadow Banking and its Regulation in the U. S and China [J]. Manchester Journal of International E-

conomic Law，2016，11（3）.

[26] Ghosh P.，Ray D.. Information and Enforcement in Informal Credit Markets [J]. Economica，2016，83（329）.

[27] Granovetter M. S.. The Strength of Weak Ties [J]. American Journal of Soci – ology，1973，78（6）.

[28] Granovetter M. S.. Economic Action and Social Structure：The Problem of Embeddednes [J]. American Journal of Sociology，1985，91（3）.

[29] Grootaert C.. Social Capital，Household Welfare and Poverty in Indonesia [Z]. Local Level Institutions Working Paper No. 6，Washington D. C.：World Bank，1999.

[30] Hill R. C.，Griffiths W. E.，LIM G. C. Principles of Econometrics [M]. New York：John Wiley & Sons，2011.

[31] Hoff K.，Stiglitz J. E.. Introduction：Imperfect Information and Rural Credit Markets：Puzzles and Policy Perspectives [J]. The World Bank Economic Review，1990，4（3）.

[32] K. S. Tsai. Imperfect Substitutes：The Local Political Economy of Informal Finance and Microfinance in Rural China and India [J]. World Development，2004，32（9）.

[33] Karaivanov A.，Kessler A.. A Friend in Need is a Friend Indeed：Theory and Evidence on the Disadvantages of Informal Loans [J]. Discussion Papers，2013.

[34] Karlan D.，Mobius M.，Rosenblat T.，et al. Trust and Social Collateral [J]. Staff General Research Papers Archive，2009，124（3）.

[35] Knack S.，Keefer P.. Does Social Capital Have an Economic Payoff? A Cross – Country Investigation [J]. Quarterly Journal of Economics，1997，112（4）.

[36] Knez M.，Camerer C.. Creating Expectational Assets in the Laboratory：Coordination in "Weakest – Link" Games [J]. Strategic Management Journal，1994，15（8）.

[37] L. Guiso，P. Sapienza，L. Zingales. The Role of Social Capital in Financial Development [J]. American Economic Review，2004，94（3）.

[38] Lee S.，Persson P.. Financing from Family and Friends [J]. The Review of Financial Studies，2016，29（9）.

[39] Li J., Hsu S., Qin Y.. Shadow Banking in China: Institutional Risks [J]. China Economic Review, 2014, 31.

[40] Lin M., Prabhala N. R., Viswanathan S.. Social Networks as Signaling Mechanisms: Evidence from Online Peer – to – Peer Lending [J]. Wise, 2009.

[41] Lin M., Prabhala N. R., Viswanathan S.. Judging Borrowers by the Company They Keep: Friendship Networks and Information Asymmetry in Online Peer – to – peer Lending [J]. Management Science, 2013, 59 (1).

[42] Lu W., Yu X., Du J. et al. An Empirical Analysis of the Default Rate of Informal Lending – Evidence from Yiwu, China [M]. Springer Berlin Heidelberg: Cutting – Edge Research Topics on Multiple Criteria Decision Making, 2009.

[43] Lu Y., Gu B., Ye Q., et al. Social Influence and Defaults in Peer – to – peer Lending Networks [C]. Orlando: International Conference on Information Systems, 2012.

[44] Lu Y., Guo H., Kao E. H., et al. Shadow Banking and Firm Financing in China [J]. International Review of Economics and Finance, 2015, 36.

[45] Luhmann N.. Trust and Power [M]. New York: Wiley, 1979.

[46] Munshi K., Rosenzweig M.. Traditional Institutions Meet the Modern World: Caste, Gender, and Schooling Choice in a Globalizing Economy [J]. American Economic Review, 2006, 96 (4).

[47] Nagarajan G., Meyer R. L., Graham D. H.. Does Membership Homogeneity Matter for Group – based Financial Services? Evidence from the Gambia [J]. African Development Review, 1999, 11 (1).

[48] Nan L.. Social Capital: A Theory of Social Structure and Action [M]. London: Cambridge University Press, 2001.

[49] Paul Bullen, Jenny Onyx. Measuring Social Capital in Five Communities in NSW [J]. The Journal of Applied Behavioral Science, 2000, 36 (1).

[50] Portes A.. Social Capital: Its Origins and Applications in Modern Sociology [J]. Annual Review of Sociology, 1998, 24 (1).

[51] Putnam R. D.. Tuning in, Tuning out: The Strange Disappearance of Social Capital in America [J]. PS: Political Science & Politics, 1995, 28 (4).

[52] Putnam R. D.. Bowling Alone: America's Declining Social Capital [J].

Journal of Democracy, 1995, 6 (4).

[53] Ring P. S., Ven Ahvd. Structuring Cooperative Relationships between Organizations [J]. Strategic Management Journal, 1992, 13 (7).

[54] Roodman D.. Fitting Fully Observed Recursive Mixed – Process Models with CMP [J]. Stata Journal, 2011, 11 (2).

[55] S. Hsu, J. Li, Y. Qin. Shadow Banking and Systemic Risk in Europe and China [Z]. Cityperc Working Paper Series, 2013.

[56] S. Hsu, J. Li, Y. Xue. Shadow Banking Systems in the United States and China [J]. Workingpaper Series Number 349, 2014.

[57] Steel W. F., E. Aryeetey, H. Hettige, M. Nissanke. Informal Financial Markets Under Liberalization in four African Countries [J]. World Development, 2004, 25 (5).

[58] T. Dufhues, G. Buchenrideer, H. D. Quoc, N. Munkung. Social Capital and Loan Repayment Performance in Southeast Asia [J]. The Journal of Socio – Economics, 2011, 40 (5).

[59] Torsvik G.. Social Capital and Economic Development a Plea for the Mechanisms [J]. Rationality and Society, 2000, 12 (4).

[60] Valery Yakubovich, Mark Granovetter, Patrick Mcguire. Electric Charges: The Social Construction of Rate Systems [J]. Theory and Society, 2005, 34.

[61] Wendy Stone. Measuring Social Capital: Towards a Theoretically Informed Measurement Framework for Researching Social Capital in Family and Community Life [J]. Research Paper, 2001, 24.

[62] Y. Dong, H. Ma. The Analysis of Informal Credit Behavior in Hui Autonomous Prefecture of Linxia: The Investigation Based on Hui Autonomous Prefecture of Linxia China [J]. International Journal of Financial Research, 2014, 5 (3).

[63] Ying F.. Questioning Guanxi: Definition, Classificationand Implications [J]. International Business Review, 2002, 11.

[64] Yuan Y., Xu L.. Are Poor Able to Access the Informal Credit Market? Evidence from Rural Households in China [J]. China Economic Review, 2015, 33.

[65] Yue S. C.. On the Incentive Legal Regulation of Private Loans [J]. Social Sciences in China, 2013, 10.

［66］白乙辰．信任视角下的鄂尔多斯民间借贷危机研究[J]. 社会学评论，2016，4（3）．

［67］边燕杰．城市居民社会资本的来源及作用：网络观点与调查发现[J]. 中国社会科学，2004（3）．

［68］边燕杰，张文宏．经济体制、社会网络与职业流动[J]. 中国社会科学，2001（2）．

［69］卜长莉．社会资本的负面效应[J]. 学习与探索，2006（2）．

［70］陈雨露，马勇，杨栋．农户类型变迁中的资本机制：假说与实证[J]. 金融研究，2009（4）．

［71］程昆，潘朝顺，黄亚雄．农村社会资本的特性、变化及其对农村非正规金融运行的影响[J]. 农业经济问题，2006（6）．

［72］程民选．信誉：从社会资本视角分析[J]. 财经科学，2005（2）．

［73］丁冬，傅晋华，郑风田．社会资本、民间借贷与新生代农民工创业[J]. 华南农业大学学报（社会科学版），2013（3）．

［74］方先明，孙利．民间金融风险：形成、传染与演化[J]. 中央财经大学学报，2015（7）．

［75］费孝通．费孝通文集（第5卷）［M］. 北京：北京群言出版社，1999.

［76］冯兴元．温州市苍南县农村中小企业融资调查报告[J]. 管理世界，2004（9）．

［77］郭斌，刘曼路．民间金融与中小企业发展：对温州的实证分析[J]. 经济研究，2002（10）．

［78］郭云南，姚洋，Jeremy Foltz. 宗族网络、农村金融与平滑消费：来自中国11省77村的经验[J]. 中国农村观察，2012（1）．

［79］胡必亮．村庄信任与标会[J]. 经济研究，2004（10）．

［80］胡枫，陈玉宇．社会网络与农户借贷行为——来自中国家庭动态跟踪调查（CFPS）的证据[J]. 金融研究，2012（12）．

［81］胡金焱，张博．社会网络、民间融资与家庭创业——基于中国城乡差异的实证分析[J]. 金融研究，2014（10）．

［82］黄君慈，罗杰．声誉、关联博弈与民间信用私人实施机制[J]. 江淮论坛，2006（3）．

［83］贾生华，吴波．基于声誉的私人契约执行机制[J]. 南开经济研究，

2004（6）.

［84］蒋永穆，纪志耿．农户借贷过程中信任机制的构建——一种基于完全信息动态博弈模型的分析［J］．四川大学学报（哲学社会科学版），2006（1）．

［85］李爱喜．社会资本对农户信用行为影响的机理分析［J］．财经论丛，2014（1）．

［86］林建浩，吴冰燕，李仲达．家庭融资中的有效社会网络：朋友圈还是宗族？［J］．金融研究，2016（1）．

［87］林南．社会资本——关于社会结构与行动的理论［M］．张磊译．上海：上海人民出版社，2005.

［88］林毅夫，孙希芳．信息、非正规金融与中小企业融资［J］．经济研究，2005（7）．

［89］刘成玉，黎贤强，王焕印．社会资本与我国农村信贷风险控制［J］．浙江大学学报（人文社会科学版），2011（2）．

［90］刘林平．企业的社会资本：概念反思和测量途径——兼评边燕杰、丘海雄的《企业的社会资本及其功效》［J］．社会学研究，2006（2）．

［91］刘西川，陈立辉．风险防范中的非利率条件、业缘型社会关系和关联性交易——基于温州民间借贷的经验考察［J］．财贸研究，2012，23（5）．

［92］楼远．非制度信任与非制度金融：对民间金融的一个分析［J］．财经论丛，2003（6）．

［93］马九杰，郭宇辉，朱勇．县域中小企业贷款违约行为与信用风险实证分析［J］．管理世界，2004（5）．

［94］彭文平，肖继辉．非正规金融的成长：社会转型角度的分析［J］．财经研究，2008（10）．

［95］童馨乐，褚保金，杨向阳．社会资本对农户借贷行为影响的实证研究——基于八省1003个农户的调查数据［J］．金融研究，2011（12）．

［96］王俊秀，杨宜音．社会心态蓝皮书·中国社会心态研究报告（2012～2013）［M］．北京：社会科学文献出版社，2013.

［97］王燕．农户社会资本的测度、影响因素与增收效应研究［D］．西南财经大学，2007.

［98］王晓青．社会网络、民间借出款与农村家庭金融资产选择——基于中国家庭金融调查数据的实证分析［J］．财贸研究，2017，28（5）．

[99] 吴宝，李正卫，池仁勇．社会资本、融资结网与企业间风险传染——浙江案例研究[J]. 社会学研究，2011（3）．

[100] 吴本健，郭晶晶，马九杰．社会资本与农户风险的非正规分担机制：理论框架与经验证据[J]. 农业技术经济，2014（4）．

[101] 吴国联，周智，周荣俊，钟士取．农村金融稳定的影响因素分析[J]. 上海金融，2009（1）．

[102] 杨汝岱，陈斌开，朱诗娥．基于社会网络视角的农户民间借贷需求行为研究[J]. 经济研究，2011（11）．

[103] 杨婷怡，罗剑朝．农户参与农村产权抵押融资意愿及其影响因素实证分析——以陕西高陵县和宁夏同心县 919 个样本农户为例[J]. 中国农村经济，2014（4）．

[104] 曾志敏，叶岚．社会网络、结构洞与民间借贷风险——基于吴英案的案例研究[J]. 公共管理评论，2012（13）．

[105] 张杰．中国农村金融制度调整的绩效：金融需求视角[M]. 北京：中国人民大学出版社，2007.

[106] 张维迎．法律制度的信誉基础[J]. 经济研究，2002（1）．

[107] 张晓明，陈静．构建社会资本：破解农村信贷困境的一种新思路[J]. 经济问题，2007（3）．

[108] 张翔．合会的信息汇聚机制——来自温州和台州等地区的初步证据[J]. 社会学研究，2006（4）．

[109] 张翔．退出成本、信息和冲突——以一起标会会案的发生和解决为例[J]. 社会学研究，2008（1）．

[110] 张翔，邹传伟．标会会案的发生机制[J]. 金融研究，2007（11）．

[111] 张翔，邹传伟．信息隐瞒、信息甄别和标会会案——以春风镇标会会案为例[J]. 金融研究，2009（12）．

[112] 张雪春，徐忠，秦朵．民间借贷利率与民间资本的出路：温州案例[J]. 金融研究，2013（3）．

[113] 张燕，吴正刚，杜国宏．金融垄断格局下的农村民间金融发展路径分析[J]. 东南学术，2008（5）．

[114] 章元，陆铭．社会网络是否有助于提高农民工的工资水平？[J]. 管理世界，2009（3）．

[115] 赵丙奇. 基于弱关系的民间借贷声誉形成机制和担保机制研究[J]. 社会科学战线，2013（10）.

[116] 赵丙奇. 基于弱关系的生产性民间借贷信号传递机制研究[J]. 社会科学战线，2014（9）.

[117] 郑振龙，林海. 民间金融的利率期限结构和风险分析：来自标会的检验[J]. 金融研究，2005（4）.

[118] 中国人民银行杭州中心支行课题组，周业樑，尤瑞章，张晓霞. 民间金融活动的风险及规范化对策[J]. 浙江金融，2008（3）.

[119] 邹传伟，张翔. 标会套利和系统性标会违约——对温州市春风镇标会会案的实证分析[J]. 金融研究，2011（9）.

[120] 周广肃，樊纲，申广军. 收入差距、社会资本与健康水平——基于中国家庭追踪调查（CFPS）的实证分析[J]. 管理世界，2014（7）.

[121] 周孟亮，蒋文华. 我国民间借贷的风险防范研究[J]. 四川理工学院学报（社会科学版），2014，29（5）.

[122] 祝文峰. 农村民间金融风险防范机制研究[J]. 市场周刊（理论研究），2007（10）.